Heinz Schmid

Haustier-Kochbuch

... aus dem Käfig frisch auf den Tisch

Illustriert von Birgit Tanck

W0406001

Eichborn.

Die Deutsche Bibliothek – CIP-Einheitsaufnahme

Schmid, Heinz:
Haustierkochbuch : aus dem Käfig frisch auf den Tisch / Heinz Schmid.
– Frankfurt am Main : Eichborn, 1993
ISBN 3-8218-2433-6

© Vito von Eichborn GmbH & Co. Verlag KG, Frankfurt am Main, April 1993.
Umschlaggestaltung: Rüdiger Morgenweck unter Verwendung eines Cartoons von Birgit Tanck.
Satz und Litho: TechnoScript, Bremen.
Druck und Bindung: Fuldaer Verlagsanstalt GmbH, Fulda.
ISBN 3-8218-2433-6
Verlagsverzeichnis schickt gern:
Eichborn Verlag, Kaiserstraße 66, D-60329 Frankfurt 1.

Inhalt

Statt einer Vorspeise

Für den Frühmenschen bedeuteten die Tiere seiner Umgebung entweder Gefahr oder Nahrung. Und so entdeckte er schon bald, daß es weitaus angenehmer ist, zu essen als gefressen zu werden.

Nun gab es damals noch nicht einmal die einfachsten Metzgereien, und kein fürsorglicher Fleischhauer besorgte die pfannengerechte Portionierung der tierischen Leckerbissen. Zwangsläufig waren unsere Altvorderen auf Selbstbedienung angewiesen – obwohl es weit und breit kein einziges Einkaufszentrum gab. Kein Wunder, daß sich die täglichen Besorgungen mitunter etwas mühselig anließen. Zumal das Rad noch längst nicht erfunden war und das Auto deshalb kaum je aus der Garage genommen wurde. Da der Mensch von Natur aus faul ist und dennoch immer bequem mit Frischware versorgt sein wollte, beschloß er, Tiere bei sich zu Hause zu halten – Haustiere eben. Und wenn er mitten in der Nacht plötzlich ein wenig Appetit verspürte, so genügte ein schlaftrunkener Gang in den Stall, um sich eine Kleinigkeit zu schnappen.

Meist gelüstete es ihn aber nicht gleich nach einem ganzen Ochsen, obwohl man sich in in diesen grauen Zeiten noch nicht besonders kalorienbewußt verhielt. Und so hielt er neben großen Portionen wie Pferden, Kühen und Schweinen bald auch handlichere Gaumenfreuden wie Katzen, Kaninchen und Hunde für den kleinen Hunger zwischendurch.

Erst in der heutigen Zeit beginnt man, zwischen Tieren, die man füttert und Tieren, die man futtert, zu unterscheiden. Heute landen die possierlichen Freunde des Menschen nicht mehr im Kochtopf, sondern auf dem Hundefriedhof. Ja, die meisten Menschen hierzu-

lande haben sogar verlernt, wie man eine Katze fachgerecht zerlegt. Doch gottlob hat der Zivilisationsprozeß nicht überall auf der Welt die guten Bräuche so in Vergessenheit geraten lassen wie bei uns in Mitteleuropa. Aufgeschlossene Weltreisende finden überall Gelegenheit, traditionsreiche Ernährungsformen und kulinarische Köstlichkeiten wiederzuentdecken. Man muß ihnen nur ohne Vorurteile begegnen und sich stets an die alte chinesische Weisheit erinnern: Wer da reist, der muß auch essen – sonst wird seine Reise eher kurz.

Und was kann es Schöneres geben, als zu Hause all die angenehmen Reiseerinnerungen aufleben zu lassen, umgeben von unseren vierbeinigen und gefiederten Freunden? Ja, man braucht nicht einmal seine Heimat zu verlassen, um sich auf eine lukullische Weltreise zu begeben. Denn für dieses nützliche Kochbrevier wurden nur solche Rezepte ausgesucht, für die sämtliche Zutaten auch bei uns zu Hause mühelos erhältlich sind. Und sollte Ihnen die eine oder andere Zutat allzu kurios erscheinen, bedenken Sie stets, daß die raffinierteste Würze der Wahrheit immer schon die Dichtung war: Vertrauen Sie am Ende Ihrem Gaumen.

Ein Wort noch zu den unumgänglichen Vorbereitungen. Gewiß kann es in den besten Familien vorkommen, daß irgend ein Tier im

Hause zeitweilig nicht vorrätig ist oder die störrische Tochter partout nicht einsehen will, daß der wohlgenährte Hauskater mehr ist als ein drolliger Spielgefährte. Doch sollte dies kein Grund sein, die erwartungsfrohen Gäste mit einem billigen Ersatz aus dem Supermarkt um die Ecke abzuspeisen. Wenn beispielsweise kein Zucker mehr im Hause ist, so ist es doch auch die natürlichste Sache von der Welt, ein Schälchen davon bei den lieben Nachbarn auszuleihen. Das reichhaltige Angebot an Haustieren in Ihrer Nachbarschaft dürfte auch Ihnen nicht entgangen sein. Doch sollten Sie nicht vergessen, die geborgten Tiere baldmöglichst wieder zu ersetzen und allzu sentimental veranlagte Zeitgenossen beim gemeinsamen Schmaus von den Möglichkeiten zu überzeugen, die in ihren Lieblingen unentdeckt schlummerten. Sie werden es Ihnen danken.

Bei den folgenden Ausflügen in viele Länder aller fünf Kontinente geht es deshalb nicht um den Reiz der Exotik, sondern um die Wiederentdeckung der verborgenen Schätze in Haus und Garten. Selbst bei einem sonst eher langweiligen Sonntagsspaziergang begegnen einem oft unversehens aufregende Leckereien, die mit etwas Fantasie und Geschick in einem der Rezepte Verwendung finden können: Nichts ist unmöglich. Wie heißt es doch so schön in jenem alten Sprichwort: Das Tier im Haus erspart den Gang zum Fleischer!

Frankreich

Die Franzosen als Lehrmeister

Obwohl die französische Küche heute auf der ganzen Welt verbreitet ist, hat sie ihren Höhepunkt schon vor langer Zeit überschritten. Diesen erlebte die klassische Kochkunst nämlich an den königlichen Höfen weit vor der französischen Revolution.

Zum Glück ist diese wahre französische Küche noch nicht ganz ausgestorben, sondern liegt bloß in einem Dornröschenschlaf. Denn gerade in Zeiten der Rezession besinnen sich traditionsbewußte Küchenchefs auf alte Spezialitäten und lassen diese wieder aufleben.

Noch geschieht dies eher im Verborgenen; zu Hause etwa, unter guten Freunden oder nach einer guten Flasche Wein. Denn möglicherweise würden einige dieser klassischen Gerichte den modernen und jeglichen Feinheiten abholden Geschmack etwas verwirren.

So mochte ich Schoßhündchen nicht ausstehen, bis ich durch ein denkwürdiges Mittagessen in einem winzigen Dörfchen in der Normandie eines Besseren belehrt wurde.

Schmorhündchen auf normannische Art

Zutaten:

1–2 zarte Schoßhündchen
500 g mürbe Äpfel
5 dl Calvados
100 g Butter
ganz wenig Salz

1 Bund Petersilie
1–2 Äpfel zum Dekorieren

Sollten die Hündchen sehr fett sein, so ist zu empfehlen, einen Teil der Butter wegzulassen oder zwecks besserer Verdauung zusätzlich ein großes Glas Calvados für jeden Gast bereitzustellen.

Je nach Größe die Hündchen vierteln oder halbieren und sauber putzen. Beinchen wegschneiden und daraus eine Hündchenbouillon kochen.

Das Fleisch in Butter ca. 20 Minuten beidseitig schmoren. Die geschälten und in Scheiben geschnittenen Äpfel in eine feuerfeste Form geben. Die Hündchen darauflegen und Calvados und Bratensaft darübergießen. Den Topf schließen und bei mittlerer Hitze fertig garen. Bei Bedarf etwas Hündchenbouillon nachgießen.

Auf einer Platte anrichten und mit Petersilie bestreuen. Die Äpfel im Maul geben dem knusprigen Hündchen einen neckischen Anstrich und sind Ursprung der alten Volksweisheit »in den sauren Apfel beißen«.

Erst nachdem ich von diesem Gericht gekostet hatte, verstand ich, warum früher Schoßhündchen am Hof so beliebt waren und warum man sich ein Fest ohne sie fast nicht vorstellen konnte.

Aber es muß ja nicht immer »Kaviar« sein! Und so gibt es auch eine Reihe ganz ausgezeichneter Rezepte für alt- und ausgediente Jagdhunde, wie sie ja früher an Höfen in reichlicher Zahl vorhanden waren.

Ausgesprochen schade ist es deshalb, daß ein Großteil dieser Rezepte in Vergessenheit geraten ist. Jagdhunde gibt es heutzutage zwar selten, doch Scheidungs- und Ferienhunde im Überfluß. Und diese landen aufgrund ihres fortgeschrittenen Alters meist in Tierheimen, -friedhöfen oder -versuchsanstalten statt im Kochtopf.

Doch dem muß nicht so sein. Das folgende Rezept hat mir ein französischer Anwalt verraten, der in seiner Freundlichkeit schon unzählige Hunde aus zerrütteten Verhältnissen zu sich nahm.

Suppenhund nach König Heinrich

Zutaten:

1 Suppenhund
die Hundeleber
250 g Schinken
500 g entrindetes Brot
4 Eier
Salz und Pfeffer aus der Mühle
Muskat, Petersilie, Schnittlauch, Salbei
3 Knoblauchzehen
1 Glas französischer Cognac
etwas Bouillon

Das zerkleinerte Brot mit Cognac und Bouillon beträufeln. Hundeleber, Schinken, Knoblauchzehen und Kräuter fein hacken. Mit dem Brot und den Gewürzen zu einer geschmeidigen Masse rühren. Diese in den Hund einfüllen und zunähen.

In einem möglichst großen Suppentopf eine Suppe aus Markkno-

chen, verschiedenem Gemüse wie Möhren, weißen Rüben, Lauchstangen, Sellerie und mit Gewürznelken besteckten Zwiebeln sowie vielen frischen Kräutern kochen.

Den gefüllten Hund auf ganz kleinem Feuer ca. 2 Stunden lang köcheln und immer wieder gründlich abschäumen und überflüssiges Fett abschöpfen. (Vorsicht: wenn die Suppe zu stark kocht, wird der Suppenhund zäh!)

Ein wirklich königliches Rezept! Die delikaten Zutaten geben dem Fleisch einen ganz besonderen Wohlgeschmack. Zur Suppe werden geriebener Käse und in Hundefett geröstete Hundekuchen gereicht.

In den »guten alten Zeiten« wurde dieser Suppenhund meist als zweiter Gang serviert. Dies ist heute eher »des Guten zuviel«. Die Suppe eignet sich besonders gut als Zwischenmahlzeit an kalten Wintertagen. Bei einem kleinen Glas Beaujolais runden ein paar Anekdoten aus der Jagdsaison den Genuß ab.

Obwohl die französische Sprache bei uns nur von einer Minderheit beherrscht wird, sind die besten französischen Gerichte doch allgemein verständlich. So ist jedem klar, daß »rat« etwas mit Ratte zu tun haben muß. Denken wir bloß an das allseits beliebte »Ratatouille Provençale«, die raffiniert-überraschende »Raton à l'Orange« und die »Suprémes de Raton Archiduc«.

Ratten sind zwar recht zähe Tiere, doch fein gehackt ist ihr Fleisch alles andere als zäh. Deshalb ist ein Ratburger auch kaum von einem Hamburger zu unterscheiden und wird besonders von Kindern heiß geliebt.

Sollte jemand dem Verspeisen von Ratten nicht den notwendigen Enthusiasmus entgegenbringen, so braucht man bloß auf den gewaltigen Schaden hinzuweisen, den die kleinen Nager beim Korn verursachen. Und dann die Folge davon: Wirtschaftskrisen, Arbeitslosigkeit, Hungersnöte ...! Bei Müttern immer erfolgreich sind Geschichten von Babys, deren Gesichtchen von Ratten so übel zugerichtet werden.

Für ältere Leute besonders geeignet ist das altbewährte Festmahl »Rat Pensionaire«, das man mit »Rentnerratte« nur sehr unzureichend übersetzen kann.

Rat Pensionaire

Zutaten:

400 g Rattenfleisch, netto
2 dl Crème double
100 g Butter
3 dl braune Chaudfroidsauce
100 g pochierte Rattenleber
(kann notfalls auch durch Gänseleber ersetzt werden)
1 l Madeiragelee
1 hartgekochtes Eiweiß
Trüffelscheiben

Man kann hierzu das Fleisch alter geschmorter Ratten nehmen und aus dem Fond und dem Gerippe die Chaudfroidsauce bereiten. Das Rattenfleisch pürieren, mit der passierten Rattenleber und der But-

ter vermischen, würzen, durch ein Sieb streichen und den Doppelrahm und die Chaudfroidsauce darunterziehen.

Eine Becherform mit Gelee chemisieren, den Boden mit rund ausgestochenen Trüffelscheiben und Eiweiß dekorieren und mit etwas Gelee befestigen. Das Mousse gut abschmecken, in die Form bis auf Fingerbreite einfüllen und etwas anziehen lassen. Mit kaltem, aber noch flüssigem Gelee vollfüllen und völlig erstarren lassen. Auf eine runde Platte stürzen und mit Geleedreiecken garnieren.

Italien

Mit Pizza und Pasta ist bei den Italienern noch lange nicht basta

Auch die Italiener sind stolz auf ihre Küche – und dies zu Recht. Denn im Gegensatz zur französischen Gastronomie, die mehr und mehr einen internationalen Charakter angenommen hat, ist die italienische bodenständig geblieben. Die besten Gerichte habe ich in bescheidenen Gaststätten oder im trauten Familienkreis genossen, denn die Tendenz, Geheimnisse für sich zu behalten und nicht nach außen zu tragen, zeigt sich gerade bei den berühmtesten italienischen Spezialitäten: der Pizza und der Pasta.

Bei der Pizza breitet sich der geschmolzene Käse wie ein »Tuch des Schweigens« über die feinen Zutaten. Und was da in Ravioli- und Tortellinifüllungen versteckt ist, erschließt sich erst bei einem herzhaften Biß. Eine Küche des Verborgenen und der Überraschungen!

Deshalb ein Rezept, das zwar in keinem Kochbuch steht, jedoch von Generation zu Generation weitergegeben wird und in den verschiedenen italienischen Regionen in mannigfaltigen, immer sehr schmackhaften Abarten auf den Tisch kommt: Spaghetti Topolino. Äußerlich erinnert dieses Gericht an die »Spaghetti Bolognese« und wird deshalb von den meisten Touristen gar nicht richtig genossen, sondern achtlos hinuntergeschlungen.

Mit Bologna haben nur die Spaghetti selbst etwas zu tun, nicht aber die Sauce. Als in Bologna gegen Ende des letzten Jahrhunderts die Mäuse durch Überjagen rar zu werden drohten, begann man die bis dahin verwendeten Mäuseschwänze durch »Teigwarenschwänze« zu ersetzen. Nach und nach gewöhnte man sich an dieses fade Substitut, woran die Spaghettimafia nicht ganz unschuldig war. Das heutige Geheimnis liegt deshalb in der Sauce, die allerdings auch nicht mehr immer das ist, was sie früher mal war. Unter dem Namen »Mickey-Mouse-Teller« wird zumindest versucht, die lieben Kleinen an dieses traditionelle Gericht zu gewöhnen.

Spaghetti Topolino

Zutaten:

50 g Salami
1 Zwiebel
1/4 Sellerieknolle
1 Möhre
2 Knoblauchzehen
Salz und Pfeffer
5 EL Olivenöl
300 g Mäusefleisch, gehackt
1 TL Mehl
1 Glas Rotwein
1 Döschen Tomatenmark
1 Lorbeerblatt
1 Tasse Fleischbrühe
500 g Spaghetti
100 g geriebener Parmesankäse

Falls nicht genügend Mäuse vorhanden sind, kann ein Teil des Fleisches auch durch mageres gehacktes Schweinefleisch ersetzt werden. In diesem Fall kann man ruhig zu diesem Mangel stehen und sollte einer Frage in dieser Richtung nicht mit der vagen Bezeichnung »gemischtes Hackfleisch« ausweichen.

Auf keinen Fall darf man aber der Versuchung erliegen, gehackte Mäuseschwänze in die Sauce zu geben. Diese würden den Geschmack völlig verfälschen, da sie früher die Spaghetti ersetzten und aus diesem Grund aus naheliegenden Überlegungen *unter* der Sauce, nie aber *in* der Sauce zu finden waren.

Also: *Wurst in kleine Würfel schneiden. Zwiebel, Sellerie und Möhre fein hacken. Knoblauch mit etwas Salz zerdrücken. Wurst und Gemüse im Öl anbraten. Das gehackte Mäusefleisch dazugeben und goldbraun braten.*

Mit Mehl bestäuben, den Rotwein zugießen, Tomatenmark und Lorbeerblatt zufügen und bei kleiner Hitze 20 Minuten zugedeckt kochen lassen.

Spaghetti in reichlich kochendes gesalzenes Wasser geben und »al dente« kochen. (Dieser Ausdruck ist noch ein Überbleibsel aus jener Zeit, als die gekochten Mäuseschwänze unter den Zähnen knirschen, keinesfalls aber matschen durften.) Darauf die Sauce verteilen und mit Parmesankäse bestreuen.

Während man »Spaghetti Topolino« unabhängig von der Jahreszeit servieren kann, sind andere italienische Spezialitäten saisonabhängig. Dies gilt nicht nur für Gemüse-, sondern auch für Fleischgerichte. Nicht zufällig heißt es in Italien so treffend: »Eine Schwalbe macht noch keinen Sommerplausch – aber viele Zugvögel machen einen Herbstschmaus!«

Sehr beliebt sind deshalb die »Involtini«, bei uns eher lieblos »Fleischvögel« genannt. Doch dieser ursprünglich recht exklusive Herbstschmaus wurde in neuerer Zeit immer mehr zu einem faden ganzjährigen Abklatsch reduziert. Von richtigen Vögeln keine Spur – mögen die regionalen Spezialitäten auch noch so klangvolle Namen wie »Involtini alla Bolognese«, »Involtini di maiale alla Sarda«, »Involtini alla Romana« oder »Involtini di vitello alla Siciliana« tragen.

Wie gut richtige Fleischvögel schmecken können, habe ich erst wieder bei der Familie Buonassisi entdeckt – überraschenderweise nicht irgendwo in einem kleinen Dorf in den Abruzzen, sondern in einer ganz gewöhnlichen Mailänder Mietwohnung.

Kurz vor den Sommerferien, welche die Buonassisis wie jedes Jahr in der Pensione Sorriso in Bellaria verbrachten, verstand es

Mama Maria ausgezeichnet, das Angenehme mit dem Nützlichen zu verbinden.

Einerseits war so kurz vor der Abreise der Kühlschrank ziemlich leer. Andererseits: wohin mit den Kanarienvögeln – zu einer Zeit, wenn auch alle Nachbarn in den Ferien weilen? Die Lösung:

Involtini alla casa

Zutaten (für 4 Personen):

8 Kanarienvögel oder Wellensittiche
8 dünne Scheiben (80 g) zartes Rindfleisch
8 dünne Scheiben Mailänder Salami
8 Oliven
frischer Rosmarin
100 g geriebener Parmesankäse
1 Möhre
1 Stangensellerie
1 Zwiebel
3 Eßlöffel Olivenöl
2 Tomaten
2 Tassen Rotwein
1 Tasse Fleischbrühe
Salz und Pfeffer
8 schöne Salatblätter
1 Handvoll Vogelfutter

Zuerst Flügel und Füße der Vögelchen sorgfältig wegschneiden und zur Seite legen. Dann die Federn rupfen (eine Pinzette, wie sie Briefmarkensammler verwenden, tut hier gute Dienste). Vogel ausnehmen und gut waschen, auf Küchenkrepp trocknen lassen.

Jedes Vögelchen mit einer Olive und frischem Rosmarin füllen. Bauchöffnung mit einer Scheibe Salami bedecken und diese mit Parmesankäse bestreuen. Den so vorbereiteten Vogel in das Rindfleisch rollen. Mit den vorher weggeschnittenen Krallen läßt sich das Ganze gut zusammenhalten.

Die Möhre in Streifen, den Stangensellerie in Scheiben und die Zwiebel in Würfel schneiden. Das Öl erhitzen und das Gemüse darin anrösten. Die Involtini hinzufügen und von allen Seiten anbraten.

Die Tomaten in Würfel schneiden und kurz mit anbraten. Mit dem Wein aufgießen, einkochen lassen und die Fleischbrühe hinzugeben. Zugedeckt 20 Minuten schmoren lassen.

Die fertigen Fleischvögel je auf einem Salatblatt anrichten und die Flügel wieder sorgfältig am Fleisch befestigen. Etwas Vogelfutter zur Dekoration auf den Tellerrand streuen. Zu den Involtini werden Kartoffelpüree und junge Erbsen gereicht.

Spanien

Nährstoff für heisses Blut

Die Spanier lieben große Portionen, obwohl sie natürlich zu stolz sind, dies auch zuzugeben. Doch wenn es um Fleischeslust geht, wird in diesem Land ungeniert zugelangt. Das notwendige Unterfutter, um den Lebens- und Liebeskampf kraftvoll durchstehen zu können, liefert den Spaniern das Rind. Für die verführerischen Genüsse ist oft das Schwein zuständig. Geht es aber darum, allen Mut zusammenzunehmen und eine Situation bis zum Letzten auszukosten, werden in Spanien unsere gefiederten Freunde zu Hilfe gerufen.

La paloma – die Taube ist in Spanien der Inbegriff der Romantik. Daher gibt es eine Vielzahl vorzüglicher Taubenrezepte. Auch bei uns sind Tauben einfach zu finden – und nicht zuletzt auch einfach aufzubewahren. Als Wintervögel halten sie sich im Eisschrank sehr gut, wobei allerdings vom Tiefkühlfach abzuraten ist. Die Enge dort kommt einer Batteriehaltung sehr nahe, was sich bei der Taube in einer unappetitlichen Verfärbung des Federkleides äußern kann.

Tauben nach dem letzten Schrei

Zutaten:

2 Tauben
100 g Chorizowurst
20 Sardellenfilets
500 g Tomaten
2 Paprikaschoten
Salz und Pfeffer

2 Bündel Petersilie
1 Glas Weißwein
150 g Rohschinken
2 Tassen Öl
Paprikapulver
Puderzucker

Leber, Magen und Herz durch den Fleischwolf drehen. Chorizowurst und Hälfte der Sardellen hacken, mit dem Fleisch verrühren und pfeffern. Mit der Masse die Tauben füllen, Öffnung zunähen.

In eine Pfanne Öl gießen und Tauben einlegen. Rings herum in Scheiben geschnittene Tomaten, Paprikaschoten und fein gehackte Petersilie legen. Zugedeckt dünsten, mit Wein aufgießen und garkochen. Mit gebratenem Rohschinken und den restlichen Sardellen garnieren und mit Paprikapulver bestreuen. Statt der Tauben können auch Möwen verwendet werden. Den Möwen sollten Sie zwei besonders schöne Sardellen in die Schnäbel stecken und die Tiere dann mit Puderzucker bestreuen. Nur so ist die Möwe als »paloma blanca« zu erkennen.

Aufmerksamen Spanienkennern ist sicher sofort aufgefallen, daß in diesem Gericht das Hirn der Taube völlig verschwiegen wurde. Dieses gilt nämlich als Aphrodisiakum und wird den ahnungslosen Touristen niemals vorgesetzt. Nur so ist andererseits zu erklären, warum die sonst so wohlerzogenen Spanier in den Strandgegenden, wo es so viele palomas gibt, derart sexbesessen sind.

Aber nicht nur Tauben-, nein auch Möwen- und sogar Spatzenhirne zeigen ihre Wirkung. Tatsächlich vermehren sich ja gerade diese beiden Vögel in unseren Städten mit bemerkenswerter Schnelligkeit. Vor übertrieben häufigem Genuß dieser Speise muß allerdings gewarnt werden. Wegen der Auspuffgase und anderen Luftverunreinigungen sind Spatzen- und Taubenhirne derart mit Schwermetallen angereichert, daß dieser bejammernswerte Umstand nicht nur bei den Vögeln eine gewisse Trägheit zur Folge hat.

Trotzdem, ganz aus der Luft gegriffen ist die alte Volksweisheit:

»Ein Spatzenhirn zur rechten Zeit hat schon manche Magd erfreut« wohl kaum. Und auf spanische Art zubereitet, läßt diese Spezialität sicher manch schöne Ferienerinnerung wieder aufleben.

Harte Schale – weicher Kern

Zutaten:

8 Hirne (Spatzen, Tauben oder Möwen)
8 große Muschelschalen
40 g zerlassene Butter
Salz und Pfeffer
1 EL geriebener Parmesankäse

Hirne in kaltem Wasser gründlich waschen. Häutchen und Äderchen mit einer Pinzette raustrennen. In Salzwasser bei milder Hitze kurz kochen. Abtropfen lassen.

Muschelschalen mit zerlassener Butter bestreichen und in jede ein Hirn legen. Salzen, Pfeffern und mit zerlassener Butter begießen. Mit geriebenem Parmesan bestreuen. In der Röhre backen, bis der Parmesan goldgelb ist. Servieren, bevor das Hirn fest wird.

GROSSBRITANNIEN

CATCH UP MIT KETCHUP!

Die Briten haben nicht den Ruf, sehr gute Köche zu sein. Es wird sogar behauptet, für hundert Gerichte würden sie nur eine einzige Sauce kennen. Dies mag stimmen. Aber was darunter versteckt liegt, nötigt uns doch auf unerwartete Weise Respekt ab.

Engländer sind bekanntlich sehr tierliebend, obwohl sie meiner Meinung nach die Tiere eher zu wenig würzen. Höchste Anerkennung verdient eine bei uns Kontinentaleuropäern oft noch nicht so konsequent verwirklichte Nutzung wertvoller Nahrungsmittel. Was wir in Londoner »Fish 'n' Chips«-Buden serviert bekommen, sind oft keine einfachen Fischstäbchen, sondern regelrechte, lecker aufbereitete Nährstoffcontainer.

Wenn die Nährstoffe in einem Tierkörper enthalten sind, der aus irgendeinem Grunde unter die Räder geriet und auf der Straße liegenblieb, dann lohnt es sich, das Tier sorgfältig vom Asphalt abzukratzen. Eine Schneeschaufel oder ein Schraubenzieher können dabei gute Dienste leisten. Katzen sind gut, Hunde noch besser. Nicht umsonst sagt man in England: »My home is my castle, my dog is my supper.« Aber auch ein Igel kann zum kulinarischen Erfolg werden.

Das folgende Gericht bekam ich erstmals von meinem Freund Brian vorgesetzt, der direkt an einer vielbefahrenen Autostraße wohnt und auch als Koch keine Sicherheitslinien kennt, sondern stets wieder zu kulinarischen Überholmanövern ansetzt.

Katzenschnitzel Surprise

Zutaten:

1 gut gewalzte Katze (ein Hund ist eher für den großen Appetit geeignet)
1 Pfund feinstes Schweinefett
1 Pfund Kartoffeln
1 große Dose Erbsen
1 Familienflasche Tomatenketchup

Marinade:

1 Flasche Bier
1 große Zwiebel
1 El englischer Senf
3 Lorbeerblätter
12 Wacholderbeeren
1 El Salz
2 dl Gin
1 Handvoll Minze

Zu Hause alles, was nach Fleisch aussieht, von der Flachkatze sorgfältig ablösen, dieses zugedeckt in der Marinade mindestens drei Tage ziehen lassen und ab und zu wenden.

Bei größtmöglicher Hitze Fett schmelzen, bis die Küche mit blauem Rauch gefüllt ist. Nun alles Fleisch auf einmal in das siedende Fett geben und einmal wenden. Das Äußere soll gut durchgebraten sein, das Innere noch schön roh. Das Fleisch im Wasserbad warm halten.

Die Erbsen im Mixer pürieren und auf einer gut gekühlten Platte anrichten. Die Kartoffeln sehr weich kochen, bis sie die strenge runde Form verlieren. Dann rund um die Erbsen anrichten und mit dem Fleisch krönen. Das Gericht mit genügend Fett aus der Bratpfanne übergießen. Das Ganze ein paar Minuten im Kühlschrank stehen lassen, damit das Fett schön gelieren kann. Mit einem großzügigen Klecks Ketchup und einem Lorbeerblatt dekorieren.

Skandinavien

Beim Smörrebröd liegt alles offen

Auf den ersten Blick scheint es bei den Skandinaviern zumindest in der Küche keine Geheimnisse zu geben. Alles wird offen dargelegt – wie bei ihrem berühmten offenen Sandwich, dem Smörrebröd.

Doch so offen sich die Speisen geben, so verschlossen verhalten sich die Köche, wenn man sich nach ihren Geheimnissen erkundigt. »Frage doch die Trolle!« bekommt man etwa unwirsch zu hören. Doch mit Geduld und mit Hilfe eines Taschenvorrats an 78prozentigem Wodka-Maracuja-Likör löste ich auf meinen Reisen manche Zunge und damit auch manch kulinarisches Geheimnis.

Eine wichtige Rolle auf dem skandinavischen Speisezettel nimmt natürlich der Fisch ein. Und da es nicht jedermanns Sache ist, beim Fischen zu erfrieren, wird der Fisch häufig für die langen Wintermonate eingemacht. Und da im nordischen Winter sich die ganze Blumenpracht praktisch auf Eisblumen beschränkt, ersetzen diese bunten Einmachgläser sozusagen die Blumenvase auf dem Buffet.

Auf dem Buffet stehen ja auch bei uns in vielen Haushalten nicht minder farbenfrohe Fische. Der Nachteil ist aber, daß diese Aquarien einerseits ungemein viel Platz einnehmen, andererseits aber auch unangenehme Arbeiten wie putzen, füttern oder Wasser wechseln verursachen.

Und wenn man nicht höllisch aufpaßt, so schwimmt schon wieder so ein kleiner Wicht mit dem Bauch nach oben, was nicht nur nach ein paar Tagen zu einer unangenehmen Geruchsbelästigung, sondern selbst von Seiten guter Freunde zu unfreundlichen oder gar verletzenden Bemerkungen führen kann.

Doch dafür gibt es eine bequeme Lösung: Das unbequeme Aquarium bei nächster passender oder unpassender Gelegenheit den Nachbarkindern oder dem Briefträger schenken und all die farbigen Fische in einem Einmachglas schön dekorativ anordnen. Jetzt kann man die bunte Fischeschar täglich bestaunen, ohne sie zu füttern. Und wenn man ihrer schließlich überdrüssig wird, werden sie einfach aufgegessen.

Zierfische im Zierglas

Zutaten:

alle verfügbaren und noch lebenden Fische aus dem Aquarium
3 dl Weinessig
4 dl Wasser
300 g Puderzucker
6 rote Zwiebeln
25 g Pfefferkörner
1 dickes Stück Meerrettich

1 kleine Karotte
1 gut gelagerter Geitost (scharfer Ziegenkäse)
10 Lorbeerblätter
2 EL Senfkörner
etwas Ingwer

Die Fische 12 Stunden lang in Salzwasser einweichen und dabei das Wasser erneuern, bis es ganz klar bleibt. Zwiebeln, Karotte und Meerrettich in Stücke schneiden. Käse zerkrümeln. Alles schön im Einmachglas arrangieren.

Essig mit Wasser und Zucker kochen und über die Fische gießen. Einmachglas gut verschließen und in die Wohnwand oder auf den Fernseher stellen.

Deutschland

Wo das Essen nicht einfach Wurst ist

Die so üppige, fette, nahrhafte deutsche Küche bietet für den, der sie als solche weder mit Vorurteilen noch Vergleichen belastet, kulinarische Erfahrungen besonderer Art.

So wie der Deutsche übelriechenden Weißkohl zu schmackhaftem Sauerkraut macht, so bringt er es auch fertig, ebenfalls nicht gerade wohlschmeckende Fleischstücke mit Gewürzen, Gespür und anderen Zutaten in wohlschmeckende Spezialitäten zu verwandeln.

Die Rede ist hier natürlich von den Würsten, deren Häute all das umschließen, was man sonst achtlos fortwerfen würde. Erst in letzter Zeit hat der engagierte Hobbykoch wieder begonnen, seine eigenen Würste herzustellen. Denn es ist nicht einfach wurscht, was in so eine Wurst kommt. Auf meinen Wanderungen durch ländliche Gegenden bin ich auf manche schmackhafte Überraschung gestoßen.

Viele Leute wollen gar nicht wissen, was in einer Wurst so alles enthalten ist. Da kann ich nur mitleidig lächeln. Der Kenner weiß, was er ißt – und sorgt auch selbst für die Beschaffung des Inhalts.

Eine unvergeßliche Wurst genoß ich auf einem Dorffest. Der Name des Dorfes ist mir entfallen. Ja, ich weiß nicht mal mehr, ob es sich um ein Hochzeitsfest oder um eine Trauerfeier gehandelt hatte. Doch an die Wurst kann ich mich noch genauestens erinnern.

Nichts wurde bei dieser Wurst schamhaft versteckt. Nein, der »Dicke Hund« war genau das, was die bescheidene Speisekarte versprach, nämlich ein dicker, an beiden Seiten zugeschnürter Hund. Ein Leckerbissen, der völlig zu Unrecht eher selten in den sogenannten »besseren Restaurants« auf den weiß gedeckten Tisch kommt, den ich Ihnen aber trotzdem nicht vorenthalten möchte.

Allerdings eignet sich nicht jeder Hund gleich gut für dieses Gericht. Während Dachshund oder Mops für den kleinen, und Bulldogge oder Bernhardiner für den großen Hunger geradezu ideal sind, möchte ich Pinscher oder Windhund nur überzeugten Anhängern der Nouvelle Cuisine empfehlen.

Ein dicker Hund

Zutaten:

1 Hund, z.B. Dachshund
Salz und schwarzer Pfeffer

für die Füllung:

1 kg Edelkastanien
4 große säuerliche Äpfel
2 Glas Rum
2 EL Zitronensaft
4 Zwiebeln
1 Bund Petersilie
abgeriebene Schale einer Zitrone
4 Eier

zum Braten:

100 g fetter Speck
50 g Butter
1/8 l heißes Wasser
1/8 l roter Burgunder
1/2 Tasse Salzwasser

für die Garnierung:

12 kleine Zwiebeln

12 große Champignons
50 g Butter

Dachshund ausnehmen, innen und außen gut abspülen und mit Haushaltspapier trocken reiben. Innen mit Salz und Pfeffer einreiben.

Kastanien im vorgeheizten Ofen rösten, dann schälen und in einem Topf 15 Minuten garen. Äpfel schälen und auf einer großen Reibe raffeln. Zwiebeln fein hacken. Mit dem Rest der Füllung gut mischen.

Farce in den Dachshund stopfen, bis dieser fast platzt. Öffnungen mit einem Baumwollfaden zunähen oder mit Rouladenspießchen zustecken.

Hund mit Bauch nach oben in eine Fettpfanne legen. Mit Speckscheiben belegen und diese festbinden. Butter darauf verteilen. Falls der Hund schon vorher sehr dick und fett war, mögen sich Butter und Speck erübrigen..

Wenn man auf die eigene Linie achten muß, empfiehlt es sich, den Speck wegzulassen und die Butter durch kalorienreduzierte Margarine zu ersetzen. Traditionsbewußte Feinschmecker stehen einem »Dicken Hund light« allerdings eher etwas skeptisch gegenüber.

Den Hund in den vorgeheizten Ofen auf die untere Schiene schie-

ben und auf halber Flamme rund 3 Stunden garen. Nach und nach Wasser und Wein zugießen und den Hund häufig mit dem Bratfond begießen.

60 Minuten vor Ende der Bratzeit die Speckscheiben wegnehmen und 10 Minuten vor dem Herausnehmen den Hund mit kaltem Salzwasser bestreichen, damit die Haut schön knusprig wird.

In der Zwischenzeit ganze Champignons und Zwiebeln bei schwacher Hitze in der Butter braten. Auf der vorgewärmten Platte den »Dicken Hund« damit garnieren

Die Meinungen gehen auseinander, ob man dem Dachshund einen Apfel ins Maul geben soll oder nicht. Ich persönlich neige zur Ansicht, daß eine Wurst, ein Knochen oder ein Stück Holz viel natürlicher wirken. Oder hat schon jemand einen lebenden Hund mit einem Apfel im Maul gesehen?

»Was das Tier im Maul trägt, danach wird es auch gerichtet« – an diesen alten Volksspruch sollte man auch beim nächsten Gericht denken, das auf vielen deutschen Mittagstischen aufgetragen wird, ohne daß man sich dabei viel denkt: Falscher Hase!

Um den falschen Hasen und den richtigen Dachhasen zu verdekken, wird landauf, landab mit allerlei Schnickschnack wie Sardellen, Schnittlauch oder gehackten Eiern herumgespielt. Dabei ist die ganze Sache so einfach! Ein falscher ist von einem richtigen Hasen sowohl geschmacklich wie optisch kaum zu unterscheiden. Deshalb: Eine Möhre in das Maul und die Täuschung ist perfekt!

Deshalb statt einem Rezept bloß ein Tip: *Küchenfertige Katzen bleiben, wie jedes andere Wild, einige Tage frisch, wenn man sie in einer Mischung aus Buttermilch und Rotwein oder Essig einlegt oder sie in ein mit Essig getränktes Tuch wickelt.*

Doch in Deutschland drehen sich in letzter Zeit die Diskussionen nicht mehr um den falschen Hasen, sondern um die richtige Figur. Nach anfänglichen Schwierigkeiten werden Anregungen der modernen Küche sehr ernst genommen, und Diätrezepte haben sich immer mehr ausgebreitet.

Zur neuen deutschen Küche hat die Vereinigung viel beigetragen.

So haben Rezepte, die im Westen schon seit langer Zeit von Fertigmenüs und Tiefkühlkost verdrängt wurden, in Teilen des alten und neuen Sachsen diese Zeitläufte fast unbeschadet überstanden und erleben jetzt eine wahre Renaissance.

Mausschenkel in Eichenlaub an Tannenschößlingsauce

Zutaten:

4 Mäuse
3 EL Butter
Salz und Pfeffer aus der Mühle
15 Pfefferkörner zerdrückt
1 dl trockener Weißwein
2 dl Geflügelbrühe
1/2 dl Tannenschößlingsirup
1 dl Sauerrahm
Eichenlaub
nach Belieben etwas Moosbeerkompott

Rezept für Tannenschößlingsirup:

600 g Tannenschößlinge
1 l Wasser
3 Zitronenscheiben
900 g Zucker

Die zartgrünen, jungen Tannenspitzen mit dem Wasser und den Zitronenscheiben aufkochen und zugedeckt ca. 30 Minuten ziehen lassen. Dann durchseihen, den Zucker dazugeben und den Sirup ca. 1 Stunde einkochen lassen. Heiß in vorgewärmte Flaschen abfüllen und sofort verschließen.

Feldmäuse sind für dieses Gericht besonders geeignet, da sie einen ganz leichten Wildgeschmack haben, der durch Abhängen während ein paar Tagen noch intensiviert werden kann. Das Fleisch von

Hausmäusen ist etwas weißlicher und wird vor allem von Leuten geschätzt, die einen empfindlichen Magen haben.

Von weißen Mäusen ist eher abzuraten, da ihre Schenkel eine schwammige Textur aufweisen und deshalb beim Braten leicht zerfallen. Auch Tanzmäuse sind weniger geeignet, da ihr Fleisch sehr fasrig ist. Gar nichts mehr mit feiner Küche zu tun haben die Schenkel mongolischer Wüstenspringmäuse, ganz abgesehen davon, daß deren übergroße Schenkel jede ernsthafte Diät völlig über den Haufen werfen würden. Am besten eignen sich also nach wie vor eine ganz gewöhnliche deutsche Feldmaus:

Die Schenkel vorsichtig loslösen und enthäuten und von den Sehnen befreien. In einer Marinade aus Buttermilch, Weinbrand, einem Lorbeerblatt und einigen Wacholderbeeren mindestens einen Tag lang ziehen lassen.

Die Mäuseschenkel in Butter bei mittlerer Hitze golden anbraten. Während des Bratens die Stücke leicht salzen und mit Pfeffer bestreuen. Die innen noch rohen Schenkel aus der Pfanne nehmen, in eine vorgewärmte Schüssel legen und zudecken.

In der Zwischenzeit Weißwein, Geflügelbrühe und Pfefferkörner in einem zweiten Topf leicht köcheln lassen. Die Flüssigkeit mit Tannenschößlingsirup abschmecken und mit Sauerrahm verfeinern.

Die Mäuseschenkel mit einem Tuch leicht abtupfen und auf einer vorgewärmten Platte in Form des Ritterkreuzes auf Eichenlaub anrichten. Die Sauce darüberseihen. Etwas Moosbeerkompott darübergeben.

Hübsch macht sich eine Dekoration aus zwei Mäuseschwänzen, die wie zwei Schwerter die gelungene Komposition in gediegener Weise abrunden.

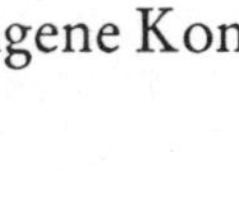

Österreich

Von Palat- und anderen Schinken

Österreich ist das Herz Europas. Dies mag erklären, warum dort nicht nur auf das Innere des Heims viel Wert gelegt wird, sondern auch auf das Innere des Tieres. Ob Nieren, Leber, Lunge oder selbstverständlich auch Herz – alles wird dem Speisezettel einverleibt. Das Resultat ist hervorragend, besonders wenn es von kulinarischen Höhepunkten wie Knödeln und Nockerln begleitet wird.

Wie schon aus der alten Volksweisheit »Auf der Alm, da gibt's ka Sünd, doch in Wien gibt's viele Hünd« unschwer zu erkennen ist, sind die Wiener keine Kostverächter. Als besondere Spezialität gilt der Wiener Tafelspitz. Kaiser Franz Joseph I. (1848–1916) pflegte, wenn er keine Gäste hatte, mittags Tafelspitz zu speisen. Und die Wiener machten es ihm nicht nur nach, sondern ließen ein richtiggehendes Ritual daraus werden.

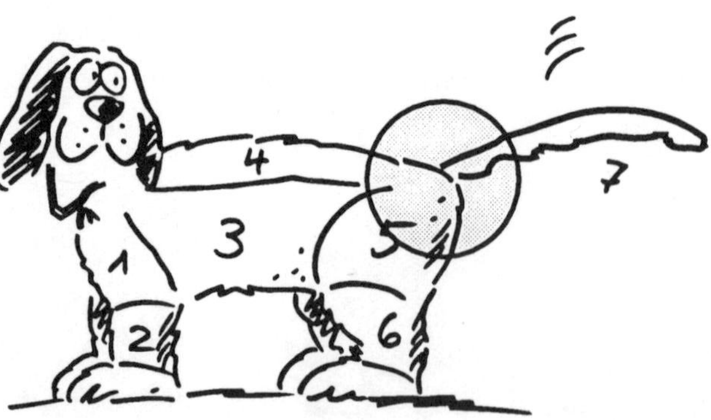

Diese Begeisterung brachte allerdings auch gewisse Nachteile mit sich. So sieht man heute in Wiens Straßen zwar viele Deutsche Schäfer oder Dänische Doggen, aber kaum mehr Wiener Spitze.

Und so wird gezwungenermaßen für dieses berühmte Wiener Gericht vielfach ein anderer Hund verwendet, manchmal sogar bloß hundsgewöhnliches Rindfleisch. Gut, genießbar ist es allemal. Aber mit dem berühmten Wiener Tafelspitz hat so ein Essen wenig zu tun. Deshalb nachfolgend das Originalrezept:

Wiener Tafelspitz

Zutaten:

1 l heiße Fleischbrühe aus Würfeln
1 kg Fleisch vom Spitz
Salz und schwarzer Pfeffer
2 Bund Suppengrün
1 Zwiebel
1 Lorbeerblatt
1 Bund Petersilie

Fleischbrühe in einem Topf zum Kochen bringen. Spitzfleisch abspülen und ins kochende Wasser geben. Mit Salz und Pfeffer würzen und im offenen Topf sieden lassen.

Inzwischen Suppengrün in Streifen und Zwiebel in Ringe schneiden. Nach 60 Minuten mit dem Lorbeerblatt zum Fleisch geben. Noch eine weitere Stunde sieden lassen.

Fleisch dünn aufschneiden und auf einer Platte anrichten. Mit etwas heißer Brühe übergießen.

Als Beilagen immer wieder beliebt sind eingelegte Rote Bete, Gewürzgurken, geriebener Meerrettich, Apfelkren und natürlich Röstkartoffeln.

Es ist oft unschön, wie die Zeit und die angebliche Zivilisation über traditionelle Gewohnheiten und Feinfühligkeiten hinwegwalzt. Ein gutes Beispiel ist die Maultasche. Da gibt es unterdessen nicht nur schwäbische, sondern auch böhmische, rumänische und sogar italienische Maultaschen. Doch was haben diese überhaupt mit einem Maul zu tun?

Des Rätsels Lösung fand ich in einem kleinen Dorf in Oberösterreich. Dort werden nämlich noch die ursprünglichen Maulwurftaschen hergestellt.

Für uns Städter ist es sehr schwierig, überhaupt an Maulwürfe heranzukommen, obwohl es sich lohnen würde, mal an einem schönen Sonntag nicht auf Pilz-, sondern auf Maulwurfsuche zu gehen.

Zum Glück ist das Fleisch von Hamstern, Tanzmäusen und Meerschweinchen demjenigen der Maulwürfe sehr ähnlich. Jedenfalls schmeckt dieses Fleisch unvergleichlich viel besser als die marktüblichen Füllungen aus Speck, Schinken, Salami oder gar Champignons.

Maulwurftaschen nach Art des Hauses

Zutaten:

2 küchenfertig zubereitete Maulwürfe
(oder 2 Tanzmäuse, 1 Hamster oder 1 sehr junges Meerschweinchen)
1 Brötchen
1/4 l heißes Wasser
2 Zwiebeln, gewürfelt
1 Ei
Salz und Pfeffer
geriebene Muskatnuß
Majoran
etwas Wiesenklee oder Sauerampfer
(kann im Notfall durch Spinat ersetzt werden)
eine Handvoll großer Salbeiblätter

für den Teig:

250 g Mehl
2 Eier
3 EL Wasser
1 kräftige Prise Salz

außerdem:

1 1/2 l heiße Fleischbrühe aus Würfeln

Mehl in eine Schüssel geben und in die Mitte eine Mulde drücken. Aufgeschlagene Eier, Wasser und Salz reingeben. Einen glatten, festen Teig kneten: Zugedeckt 30 Minuten ruhen lassen.

Brötchen in einer Schüssel mit heißem Wasser einweichen. Inzwischen Maulwürfe kleinhacken und mit den Zwiebeln goldbraun braten. Topf vom Herd nehmen. Das zerkleinerte Brötchen und den gepflückten Wiesenklee mit dem aufgeschlagenen Ei unter die Fleischmasse mischen. Mit Salz, Pfeffer, Majoran und Muskat würzen.

Teig auf bemehlter Arbeitsfläche nudeldünn ausrollen. Mausgroße Ovale ausradeln. Auf jedes ein Salbeiblatt legen, so daß der Blattstiel hinten hinausragt. Jeweils einen Eßlöffel Füllung draufgeben. Teig umklappen und Ränder gut andrücken, so daß jede Maulwurftasche wie eine Maus mit einem rausragenden Schwanz aussieht.

In kochender Fleischbrühe zehn Minuten ziehen lassen. Mit dem Schaumlöffel herausnehmen. Gut abtropfen lassen. Heiß servieren.

Ein neckischer Serviervorschlag: Auf jedem Teller eine Portion Kartoffelpüree aufhäufen und diese mit besonders schönem Wiesenklee garnieren. Oben ein Loch in das Püree graben und jeweils eine Maulwurfstasche darin verstecken. Kinder lieben dieses Gericht so sehr, daß man sie damit sogar über das plötzliche Verschwinden des geliebten Goldhamsters hinwegtrösten kann.

Die Schweiz

Fondue und andere Speisen, die man nicht recht greifen kann

Die Schweiz ist zwar klein, aber immerhin in 23 Kantone unterteilt, die sich alle durch lokale Gepflogenheiten und auch regionale Spezialitäten unterscheiden. Dazu kommt noch, daß die hohen Berge als Barrieren wirken und deshalb die Ausbreitung vieler lokaler Spezialitäten zumindest stark erschweren. Der einsame und aufmerksame Wanderer kann aber kulinarische Höhepunkte entdecken, welche die hohen Gipfel der Schneeberge sogar noch übertreffen.

Auch in den Städten gibt es etliche kulinarische Geheimnisse, doch werden diese streng gehütet. Besonders Zürich ist in dieser Beziehung führend. Es ist nicht umsonst als außergewöhnlich saubere Stadt bekannt.

Doch kaum jemand macht sich ernsthafte Gedanken darüber, warum denn diese Stadt so sauber ist: Keine Zigarettenstummel, Drogensüchtige, Kaugummipapierchen, Arbeitslose oder gar Schokoladenhüllen auf der Straße – vor allem aber kein Hundekot!

Nun ist ja allgemein bekannt, daß ein Hund auch schmutzt. Erst nach diesem Gedankengang fällt einem auf, daß man nicht nur keinen Hundekot auf der Straße sieht, sondern auch keine Hunde.

Des Rätsels Lösung liegt im berühmten »Züri Gschnätzlete« (Geschnetzeltes nach Zürcher Art), das aus Zürich so wenig wegzudenken ist wie der Hamburger aus Hamburg.

Das Fleisch zu diesem Gericht kann von irgend einem Hund stammen. Der Verbrauch großer Hunde wird sogar subventioniert, da diese erfahrungsgemäß am meisten schmutzen. Absolut tabu ist bloß der Deutsche Schäfer, da er als Polizeihund benötigt wird.

Züri Gschnätzlets

Zutaten:

600 g Hundefleisch
4 Schalotten oder 1 kleine Zwiebel
2 dl Weißwein
Salz und Pfeffer
1 Prise Zitronenrinde
3 EL Butter
1 EL Mehl
2 dl Rahm
1 EL gehackte Petersilie

Hundefleisch in kleine, dünne Scheibchen schneiden und in Butter bei starker Hitze ganz kurz anbraten. Bevor das Fleisch Saft abgibt aus der Pfanne nehmen und warm stellen.

Gehackte Schalotten in die Pfanne geben und leicht anziehen lassen. Mit Mehl bestäuben und mit Weißwein ablöschen. Bis zur Hälfte einkochen lassen, dann Rahm beimischen.

Etwas eindicken lassen und gut würzen. Fleisch hineingeben (nicht mehr kochen!) und sofort auf den Tisch bringen. Mit Petersilie bestreuen.

Am besten dazu paßt natürlich eine Kartoffelrösti. Und lassen Sie sich nicht von den in Restaurants überall sichtbaren Schildern »Hunde verboten« verwirren. In der Schweiz ist zwar vieles verboten, aber nicht alles.

Geradezu aufgedrängt wird einem in der Schweiz das allgegenwärtige Fondue. Dies ist verständlich, müssen die Schweizer doch irgendwie ihre Käseberge loswerden. Doch ist es nicht jedermanns Sache, sich mit einem Käseklumpen im Magen schlaflos im Bett zu wälzen. Aus diesem Grund wird das traditionelle Käsefondue immer mehr vom neuzeitlichen und vor allem besser verträglichen Fischfondue abgelöst.

Den Fondue-Genuß sollte man sich übrigens möglichst im Familien- oder Freundeskreis gönnen, weil alle aus demselben Topf essen. Den familiären Rahmen unterstreicht aber auch, daß man sozusagen Auge in Auge mit seinem »Opfer« ist, das man nun in den Topf taucht, bevor man es ißt. Für Kinder und Zartbesaitete ist das manchmal problematisch. So auch beim Fischfondue, wenn die Esser einem wildfremden Fisch in die Augen schauen müssen. Auch sind die meisten Fische zumindest für einen kleinen Kindermund eher etwas groß. Gräten bleiben deshalb häufig im Hals stecken, was zu einem abrupten Ende einer fröhlichen Fondueparty führen kann.

Am besten eignen sich für ein kinderfreundliches Fischfondue deshalb Fische aus dem eigenen Aquarium. Schon rein größenmäßig sind sie dem Kinde eher angepaßt und diesem außerdem auch vertraut, so daß es sich nicht zu erschrecken braucht. Ohnehin ist es ratsam, von Zeit zu Zeit im Aquarium nicht nur die Pflanzen und das Wasser zu wechseln, sondern auch die Fische selbst.

Zierfischfondue

Zutaten:

500 g Zierfische wie Paradiesfisch, Brokatbarbe, Maronibuntbarsch, Prachtschmerle, Küssender Gurami, Zebrabärbling oder Regenbogenfisch.
Saft von 2 Zitronen
1 Bund Petersilie
1 l Öl oder 750 g Kokosfett

Fische unter kaltem Wasser abspülen. Mit Haushaltspapier trockentupfen. Mit Zitronensaft beträufeln. Ziehen lassen.

Nochmal gut trockentupfen. (Wenn der Fisch noch feucht ist, spritzt es beim Fritieren.) Auf einer großen Platte anrichten und mit Petersilie garnieren.

Und nun greifen Sie ins Volle! Fritieren Sie Ihren Fisch, bis er gar ist. Aber aufgepaßt: Fisch muß man viel schneller wieder aus dem Öl nehmen als Fleisch. Jeder Öltankerkapitän wird Ihnen dies bestätigen.

Dazu reicht man verschiedene pikante Soßen, deren Zusammensetzung ganz Ihrer Fantasie überlassen ist. Kinder sind unproblematisch. Mit einer Schale Tomatenketchup sind sie zufrieden. Und falls Sie japanische Gäste zu Besuch haben, so sind diese mit einem Schälchen Sojasauce mehr als zufrieden. Sie sind schon deshalb glücklich, weil sie keinen Käse essen müssen.

Arabische Küche

Kein Schwein gehabt

Mohammed war kein Kostverächter – nicht mal beim Essen. Und so liest sich der Koran stellenweise wie ein Kochbuch. 49 Zubereitungsarten für Datteln werden angegeben, 4 Rezepte für Kamelhöcker, 12 für Hammel – kein einziges aber für Schwein!

Daß die Moslems kein Schweinefleisch essen, ist bekannt. Doch nur Allah weiß, was sie stattdessen so alles zu sich nehmen. Ebenfalls bekannt ist, daß man als Gast im Orient niemals eine Speise ablehnen darf.

Deshalb ist es von unschätzbarem Vorteil, wenn man sich vor einer Reise in arabische Länder vom gewohnten Schweinskotelett auf andere Speisen verlegt, um sich auf das Ungewohnte vorzubereiten. Glücklicherweise bietet die arabische Küche eine Vielfalt von Speisen, die einen das Schwein schnellstens vergessen lassen.

Bei uns sind gewisse Vorurteile mit dem Genuß von Pferdefleisch verbunden. Dabei scheint es gar nicht hauptsächlich um den Geschmack zu gehen. Obwohl heute Pferdestärken meist in vollständig mechanisierter Form wahrgenommen werden, schwingen noch ganz undefinierbare und völlig unlogische Gefühle um das Pferd mit. Dabei ist dieser »Freund des Menschen« in der Mitte unbequem und hinten und vorne gefährlich.

Der »Araburger« kann uns dabei helfen, unbegründeten Vorurteilen entgegenzuarbeiten. Er schmeckt sehr gut – und als Hackfleisch gleichen sich alle Tiere auf erstaunliche Weise.

In unseren Breitengraden sind die Araber etwas dünn gesät. Doch ein Haflinger-, Shetland- oder Oldenburgerburger schmeckt auch ausgezeichnet, von einem englischen Vollblutburger gar nicht zu sprechen. Hier das Originalrezept:

Araburger

Zutaten:

1 Pfund Araberhengst, durch den Fleischwolf gedreht
1/2 TL Thymian
1/2 TL weißer Pfeffer
2 Knoblauchzehen
eine Prise Salz
Saft einer großen Zwiebel
2 Eier
2 EL Schnittlauch

Alle Zutaten gut mischen und einige Minuten lang durchkneten. Die Hände mit Olivenöl einreiben und aus der Masse Frikadellen formen.

Diese entweder in der Bratpfanne oder auf dem Grill gut durchbraten und zwischen zwei Scheiben arabisches Fladenbrot legen. Hufeisenförmig auf einer Platte anrichten.

Eine andere arabische Spezialität, die bei uns inzwischen recht verbreitet ist, stammt aus der Welt der Harems: »Arahahn im Korb«. In der Schweiz kommt diese arabische Speise etwas respektlos als »Mistkratzerli im Körbli« auf den Wirtshaustisch und hat in seiner verniedlichten Form mit dem ursprünglichen Gericht natürlich nicht mehr viel gemeinsam. Immerhin merkt man dabei, wie unangenehm es eigentlich ist, Hahn im Korb zu sein, verläuft dies doch meist tödlich.

Für das folgende Gericht können wir natürlich nicht einfach in den nächstbesten Supermarkt gehen und uns dort ein Brathuhn oder ein Suppenhuhn kaufen. Denn zwischen Hähnen und Hühnern gibt es jenen kleinen Unterschied, auf den speziell die Hähne großen Wert legen.

Andererseits können gerade Besitzer von Vogelkäfigen ein Lied davon singen, wie unangenehm es ist, wenn sich zu viele Hähne das Leben schwer machen, seien dies nun Wellensittiche, Kanarienvögel oder andere Körnchenfresser. Warum deshalb statt des ewigen Hahns im Korb nicht mal Reisfink, Grünkardinal oder Graupapagei im Körbchen?

Arahahn im Korb

Zutaten:

1 junger Hahn
1 EL Petersilie, gehackt

für die Marinade:

Saft einer Zitrone
Saft einer halben Zwiebel
2 Knoblauchzehen, gepreßt
3 EL Olivenöl
Salz und schwarzer Pfeffer

Kopfloses und ausgenommenes Hähnchen über Nacht in die Marinade einlegen. Dann im Backofen oder noch besser auf dem Gartengrill unter ständigem Wenden grillieren, bis es außen schön braun, innen aber noch bleich ist.

Mitten auf dem Teller auf das Salatblatt setzen und mit den Tomaten umgeben, in die jeweils ein Ei gelegt wird. Mit den Oliven dekorieren. Schließlich das Hähnchen mit Joghurt übergießen und mit gehackter Petersilie bestreuen.

Afrika

Schwarz und trotzdem nicht verkohlt

Afrika ist nicht einfach schwarz – es gibt die verschiedensten Schattierungen, nicht nur, was die Hautfarbe anbelangt. Und so gibt es auch unzählige Gerichte.

Ein Elefantenfuß schmeckt zwar nicht genau gleich wie eine Kalbshaxe. Doch mit den richtigen aromatischen Kräutern gewürzt, ist er eine Delikatesse, auch wenn er etwas länger geschmort werden muß.

Die Afrikaner haben viel Zeit, auch für ihre Mitmenschen. Mit anderen Worten: Es wird viel palavert. Kein Wunder deshalb, daß gleich nach dem Elefantenrüssel die Zunge als besonderer Leckerbissen gilt. Schwarzafrikaner können es kaum begreifen, daß in Europa fast nur die fasrige und zähe Rinderzunge auf den Tisch kommt, während die viel feineren Schweins-, Katzen-, Hunde- oder Rehzungen in der gewöhnlichen Zungenwurst verschwinden.

Allerdings muß jede Zunge vorerst gut gewaschen werden – besonders wenn man daran denkt, mit was so eine Katzen- oder Hundezunge Tag für Tag in Berührung kommt.

Und da in Schwarzafrika nur die wenigsten einen Kühlschrank besitzen, werden Zungen mit Vorliebe gepökelt oder sonstwie haltbar gemacht. Das folgende Gericht ist eine ausgezeichnete Gelegenheit, Fleischreste vom Tag zuvor nochmals aufzusetzen – und zwar auf eine ganz neue Art, die einen gar nicht auf den Gedanken kommen läßt, daß dies ein Resteessen sein könnte:

Miau Niu (Katzenzunge in Kokosnußschale)

Zutaten (für 4 Personen):

4 Katzenzungen (können auch durch Reh- oder Rehpinscherzungen ersetzt werden)
1 Zwiebel
1 Pfund Fleischreste vom Vortag
5 EL Butter
1/2 Tasse Mehl
4 Chilischoten
Salz und reichlich schwarzer Pfeffer
1 Becher Rahm
2 Tassen Kochwasser von den Zungen
2 große Kokosnüsse
Minzeblätter

Zungen in kaltem Wasser aufsetzen, aufkochen lassen, das Wasser wegschütten und die Zungen gut waschen. Zwiebel schälen.

Die Zungen mit der ganzen Zwiebel nochmals in so viel kaltem Wasser aufsetzen, daß sie gerade bedeckt sind. 1–2 Stunden weichkochen (bis sich die Haut leicht abziehen läßt).

Mit 2 Tassen dieser Brühe und dem Mehl, der Butter und dem Rahm eine mitteldicke Sauce kochen.

Kokosnüsse sorgfältig in der Mitte entzweisägen und von jeder

Seite soviel wegschneiden, daß die Hälften als Schalen stehen. Die Kokosnußmilch mit der Sauce verrühren und das gekochte Restefleisch dazugeben.

Die Kokosnußhälften mit der Mischung füllen und sorgfältig in jede Hälfte eine Zunge und darauf eine Chilischote geben. Mit Aluminiumfolie bedecken. Die gefüllten Kokosnußhälften in ein mit wenig Wasser bedecktes Backgeschirr geben und dieses bei mittlerer Hitze 45 Minuten lang im Backofen belassen.

Vor dem Servieren die Folie wegziehen und die Schalen mit Minzeblättchen garnieren. Wichtig ist, daß die Zunge aus der Flüssigkeit herausragt und keinesfalls aus Unachtsamkeit gespalten wurde. Dies würde als sehr schlechtes Omen aufgefaßt.

Viele Legenden ranken sich auch um all die leckeren afrikanischen Insekten. Bei uns ist die »afrikanische Saison« leider sehr kurz, dafür aber tief in der Tradition verankert. Denken wir nur ans Heimchen am Herde oder gar ans nicht minder leckere Heimchen im Schlafrock!

Für einen Afrikaner allerdings bietet Europa bloß eine lange Reihe ziemlich langweiliger Flatterdinger. Unsere alten und staubigen Nachtfalter schmecken tatsächlich äußerst fade, die Kotwanze hat einen recht unangenehmen Nachgeschmack, der Wasserskorpion schmeckt wie ein alter Schwamm, und mit der Holzlaus ist auch kein gastronomischer Preis zu gewinnen.

Bei den Würmern sieht die Sache schon etwas hoffnungsvoller aus. Der Leberegel schmeckt genau so saftig wie eine frische

Schweinsleber, der Peitschenwurm ist zart und knackig, und sogar der gemeine Spulwurm schmeckt fritiert zumindest ansprechend.

Tatsächlich sind die meisten Würmer derart reich an Vitaminen und Mineralstoffen, daß man mit Kochen eigentlich mehr verliert als gewinnt. Deshalb: Kurz in etwas Palmenöl oder Kokosfett gebraten – und fertig ist der Schmaus!

Aus naheliegenden Gründen nimmt bei den afrikanischen Nomaden die Wanderheuschrecke einen ganz speziellen Platz ein. Sie gilt sozusagen als Rosine unter den Insekten und wird deshalb auch meist als krönender Nachtisch aufgetragen.

Doch auch hiesige Schleckmäuler brauchen nicht zu verzagen. Unsere Heuschrecken knacken zwar nicht so schön zwischen den Zähnen wie ihre afrikanischen Vettern, aber sie schmecken genau so gut. Und gibt es einen schöneren Abschluß eines Familiensonntags, als nach einem sommerlichen Spaziergang über Wiesen und Felder am abendlichen Familientisch sich zu einem fröhlichen Flohspiel zusammenzusetzen und dazu einen dieser kleinen Hüpfer zwischen den Zähnen zu zermalmen?

Glasierter Grashüpfer

Zutaten:

750 g Zucker
2,5 dl Orangensaft
50 g Butter
1 TL abgeriebene Orangenschale
350 g Heuschrecken

Heuschrecken ganz kurz in siedendem Wasser blanchieren, da sie sonst allzu leicht wieder aus der Pfanne hüpfen. Gut abtropfen lassen. (In Afrika werden sie in der Sonne zum Trocknen ausgelegt, bei uns tut es ein Haarföhn auch.)

Mit einem spitzen Messer jeweils einen kleinen Einschnitt in Brust- und Rückenpanzer machen. Die Hälfte der Butter in eine

Bratpfanne geben und die Heuschrecken unter ständigem Umrühren anbraten. Vom Herd nehmen und warm stellen.

Ein Backblech oder eine Steinplatte mit Öl oder Butter bestreichen. Den Zucker und den Orangensaft in einem Topf vermischen und erhitzen.

Den Topf von der Kochstelle nehmen und sofort die Butter und die Orangenschale hineingeben. Mit einem Holzlöffel rühren, bis die Masse anfängt, fest zu werden. Die Heuschrecken schnell hinzufügen und weiterrühren, bis die Masse kristallisiert. Sofort auf die mit Butter oder Öl bestrichene Fläche geben.

Vor dem Erkalten der Masse die Heuschrecken voneinander trennen und in einem gut verschlossenen Glasgefäß aufbewahren.

USA

Fast Food – Schnell ist gut

Böse Zungen behaupten, die amerikanische Küche stehe ganz im Zeichen des Büchsenöffners. Dies stimmt natürlich nicht. Hamburger beispielsweise sind nicht immer in Dosen verpackt.

Aber schnell muß es gehen! Zeit ist Geld! Amerikanisches Essen ist in dieser Hinsicht so ziemlich das Gegenteil von afrikanischem. Abgesehen vom Zeitfaktor, gibt es allerdings viele Gemeinsamkeiten zwischen diesen Kochrichtungen.

Wohl die bekannteste amerikanische Spezialität ist der »Hot Dog«. Was aber heutzutage meist aufgetragen wird, hat mit dem ursprünglichen Rezept nur noch den Namen gemeinsam. Aber man weiß ja: Im heutigen Coca Cola gibt es kein Kokain mehr, im heutigen Hamburger keine Hamburger und im heutigen Hot Dog keine heißen Hunde mehr – oder zumindest nicht offiziell.

Doch nicht überall wurden so liebevoll gehegte Traditionen einfach achtlos weggeworfen. So wurde ich in South Dakota von einem äußerst netten Farmer zum Essen eingeladen, den wir einfachheitshalber Bill nennen wollen.

Dieser hatte eine besondere Vorliebe für Hunde. So wunderte ich mich nicht, daß er nach dem vorzüglichen Mahl auf die Veranda hinaustrat und kurz durch die Finger pfiff. Ein ganzes Rudel kam darauf aus allen Richtungen gerast, stürzte sich auf die Essensreste und schleckte auch die Teller derart gut aus, daß ein Abwasch sich fast erübrigte.

Erst jetzt stellte ich fest, daß die Teller am Tisch unverrückbar befestigt waren. Und auch erst jetzt gab Bill das Rezept seines leckeren

»Grandmother's Dog-Over« preis, während er liebevoll den Kopf eines besonders großen Hundes streichelte.

Grandmother's Dog-Over

Zutaten:

1,5 Pfund Hackfleisch vom Hund
1 Zwiebel, fein gehackt
3 El Mehl
3 Tassen Milch oder Halbrahm
Salz und Pfeffer aus der Mühle
Kartoffelpüree vom Vortag

Zwiebeln und Hackfleisch in einer Bratpfanne gut umrühren, bis die Zwiebeln glasig sind und das Fleisch nicht mehr rosa. Mehl darüberstreuen und kochen, bis das Mehl leicht gebräunt ist. Milch oder Rahm einrühren und mit Salz und Pfeffer würzen. Gemisch zum Sieden bringen und kochen bis es eindickt. Auf Kartoffelpüree servieren.

»Heutzutage wird dieses Gericht häufig auf gekochtem Reis oder gar auf Toastbrot serviert«, meinte Bill mit abgrundtiefer Abscheu auf seinem Gesicht. »Ja, es gibt sogar Leute, die das frische Hundefleisch durch gewöhnliches Hackfleisch aus der Tiefkühltruhe ersetzen und dann dieses geschmacklose Gericht ebenso geschmacklos mit ›Grandmother's Beef-Over‹ bezeichnen. Aber der Geschmack ist natürlich nicht mehr der gleiche. Ach ja, auch hier gehen die guten alten Zeiten dem Ende entgegen!« Ich mußte ihm Recht geben.

Auch andere Leckerbissen werden heute aus reiner Ignoranz übersehen oder – was noch schlimmer ist – vernichtet. Ein solches kulinarisches Opfer sind die Kakerlaken, immerhin die ältesten noch existierenden Tiere dieser Welt. Noch sind sie nicht vom Aussterben bedroht, noch ist es also nicht zu spät, diese knackigen Tierchen zu genießen. Doch muß man sich beeilen, denn nicht nur die Zeit vergeht sehr schnell, sondern auch die Kakerlaken sind schnell.

Kakerlakiger Knacksalat

Zutaten:

1 Gurke
1 Stück Sellerie
3–4 Tomaten
2–3 EL Olivenöl
2 EL Essig
Salz und Pfeffer
eine Prise Zucker
einige Tropfen Worcestersauce
1 Bund Petersilie
1 hartgekochtes Ei
Artischockenböden in Öl
1 Portion Mayonnaise
Zitronensaft
50 g Pinienkerne
150 g Kakerlaken
3 EL Butter

Gurke, Sellerie und Tomaten aufschneiden und das Gemüse mit Olivenöl, Essig, Salz, Pfeffer, Zucker und Worcestersauce mischen. Den Salat zu einem Berg aufschichten und reichlich Petersilie darüberstreuen. Mit Eierstreifen und Artischockenböden garnieren. Alles mit Mayonnaise krönen, die mit reichlich Zitronensaft abgeschmeckt wurde. Etwas ruhen lassen.

Butter in Bratpfanne erhitzen und darin Pinienkerne und Kakerlaken knusprig braten. Es empfiehlt sich, mindestens ein Pfund Kakerlaken einzusammeln, da erfahrungsgemäß ein beträchtlicher Teil dieser klugen Tierchen auch aus einer brutzelnden Bratpfanne noch einen Ausweg findet. Unter ständigem Wenden so lange braten, bis die widerstandsfähigen Panzer mit einem lauten Knall bersten und das feine Innere freigelegt wird.

Noch warm über den Salat geben und sofort umrühren. Die Kombination von kalt und heiß sowie schlapp und knackig ist ein kulina-

risches Erlebnis. Allerdings muß man sich mit dem Essen beeilen, bevor jene Kakerlaken das Weite suchen, die nur angebraten sind. Von diesem Salat stammt deshalb auch der amerikanische Ausdruck »Fast Food«.

Australien

Grillkunst von der anderen Seite

Als die ersten Siedler auf dem fünften Kontinent landeten, sahen sie bloß so seltsam herumhüpfende Kreaturen mit Beuteln, nicht aber ihnen vertraute Rinder, Schafe und Kaninchen. So führten sie kurzentschlossen ihnen liebgewordene Fleischlieferanten ein, die sich in der Folge im sonnigen Klima fleißig vermehrten.

Eine Delikatesse Australiens sind die kleineren Beuteltiere, die als besonders kraftspendend angesehen werden, da sie so behende die Bäume hinaufklettern können. Bei uns werden Affen immer beliebter – nicht zuletzt dann, wenn sie in der Stadtwohnung derart viel Unheil angerichtet haben, daß der Ausspruch »zum Fressen gern« plötzlich eine andere Bedeutung annimmt.

Wer aber keinen eigenen Affen besitzt, dem hilft ein Blick in die Bäume des Nachbarn oder des nahen Parks rasch weiter. Die Katzen, die da in den Ästen herumklettern, mögen zwar etwas weniger gelenkig sein als die australischen Wombats, Koalabären und Opossums, aber sie schmecken nicht weniger zart.

Das folgende Rezept, nach dem in Wagga-Wagga (Neusüdwales) traditionellerweise junge Wombats zubereitet werden, eignet sich natürlich auch zur Zubereitung tasmanischer Teufel oder von jungen, noch nicht entwöhnten Koalabären. Das Fleisch älterer Koalas ist nur bei schweren Erkältungen zu empfehlen, es schmeckt ätzend bitter nach Eukalyptus. Wenn wir uns mit echt australischem Pragmatismus wappnen, ist es allerdings kein Problem, auch auf unserem Kontinent ein gutgenährtes Baumtier zu fangen und für den Genuß zuzurichten.

Baumtier mit Erdnüssen

Zutaten:

200 g geräucherter fetter Speck
1 junger Wombat von ca. 4 kg
Salz und Pfeffer
50 g Butter oder Margarine
1/8 l heißes Wasser

Sauce:

30 g Erdnüsse
1 TL Chilipulver
2 Knoblauchzehen
6 EL heller Essig
1 TL Zucker
2 EL kochendes Wasser
Salz nach Geschmack

Eine Hälfte des Specks in Scheiben schneiden, die andere in 1/2 cm dicke Streifen. Baumtier abziehen. Dazu die Pfoten abschneiden – aber so, daß sie an der Haut hängen bleiben. Haut an der Innenseite der Hinterbeine und eventuell noch die Bauchhaut aufschlitzen. Jetzt das Fell vorsichtig bis zum Kopf abziehen. Am besten hängt man dazu das Baumtier an den Läufen auf. Den Kopf mit Haut abschlagen. Das fertige Tier unter kaltem Wasser abspülen. Mit Bananenblättern (oder Haushaltspapier) abtrocknen.

Sehnen entlang der Wirbelknochen einschneiden. Jetzt die zweite Haut abziehen und rundherum mit Salz und Pfeffer einreiben. Hinter- und Vorderbeine mit den Speckscheiben und festem Garn umwickeln. Rücken auf jeder Seite schräg von unten nach oben in Faserrichtung zur Wirbelsäule hin mit den Speckstreifen spicken.

Den Wombat oder sein Äquivalent auf der Brustseite in die Fettpfanne legen. Butter oder Margarine in einem Topf erhitzen und darüber gießen. Fettpfanne auf die mittlere Schiene in den vorge-

heizten Ofen stellen und 90 Minuten lang garen. Nach und nach das heiße Wasser darübergießen, gelegentlich mit Bratfond überschöpfen.

Für die Sauce:
Knoblauch zerdrücken, die Nüsse und Chili zugeben und alles fein zerreiben. Zucker, Salz, Essig und Wasser zugeben und gut vermengen.

Das gebratene Baumtier in handgerechte Stücke schneiden und zur Erdnuß-Sauce reichen. Es darf mit den Händen gegessen werden!

Herr Meier mag keine harten Eier

Zutaten:

1 küchenfertiger Papagei
Salz und Pfeffer
Edelsüßpaprika
Butter
1 Ei

Ein Mann, der Meier hieß, den aber niemand kannte, hat dieses weltberühmte Gericht gleichen Namens erfunden. Nach vielen Jahren auf hoher See soll sich besagter Meier in Australien niedergelassen haben, begleitet von seinem treuen Papagei.

Dieser soll mit dem obigen Spruch den armen Meier derart zur Weißglut gebracht haben, daß er schließlich auf der Glut eines Gartengrills endete. Das Rezept ist dementsprechend einfach und leicht nachvollziehbar:

Papagei klopfen, bis er ganz flach ist. Dann mit der Butter einschmieren und mit viel Salz und Pfeffer würzen. Beidseitig gut braten.

Kurz bevor der Papagei gar ist, diesen auf den Rücken legen und ein frisches Ei in dessen offene Brust schlagen. Mit Paprika bestreuen. Den Papagei verspeisen, solange das Ei noch schön flüssig ist.

China

Was man nicht weiss, ist nicht nur Reis

Nach Ansicht der Chinesen ist das Essen eine der bedeutsamsten Äußerungen der Zivilisation. Die chinesische Gastronomie läßt sich in drei Worten zusammenfassen: Ten, Jen, Hen – warte ab, weiche aus, greife an!

Warte ab, wenn man etwas aufträgt, das Du nicht magst. Weiche den Gerichten aus, bei denen die Qualität auf Kosten der Quantität geht. Aber gehe zum Angriff über, wenn man Dir etwas Vollkommenes anbietet!

Darum zum Angriff gegen langweilige Gerichte! Bei der chinesischen Küche kommt es nämlich nicht so sehr darauf an, *was* man zubereitet, sondern *wie* man es zubereitet. Wer bisher Ratten nur immer als Ratatouille gegessen hat und nun verständlicherweise dieses Gerichts überdrüssig geworden ist, dem kann die chinesische Küche ganz neue Horizonte eröffnen.

Nach Hon-Tschao-Ya gibt es jedenfalls 738 Arten, eine Ratte zuzubereiten. Darunter sind viele, die auch nicht im Entferntesten die Herkunft des Fleisches erahnen lassen. Man muß das Tier nur lange genug kochen und dazu eine würzige Sauce reichen. So zum Beispiel die

Weißgekochte Ratte

Zutaten:

1 frische Ratte
kochendes Wasser

für die Sauce:

10 Knoblauchzehen
10 scharfe Pfefferschoten
1 kleine Ingwerwurzel
1/2 Tasse dunkle Sojasauce
1/2 Tasse heller, herber Sherry
3 EL Essig
3 EL Zucker

Die Ratte häuten und von Kopf, Schwanz und Beinchen befreien, um zimperlichen Naturen das Essen zu erleichtern. Das Fleisch in nur so viel kochendes Wasser geben, daß es gerade bedeckt ist. Ohne Zusatz von Salz auf kleinem Feuer während 2–3 Stunden weichkochen. Aus der Brühe herausnehmen und kalt stellen. Die Brühe zur Zubereitung einer Suppe verwenden.

Das kalte Fleisch in talergroße Scheiben schneiden und hübsch auf einer Platte anrichten. Mit der Sauce übergießen. Dazu ein Schüsselchen mit einem Gemisch von Sojasauce und chinesischen Mixed Pickles stellen.

Da sich die Chinesen meist mit ziemlich beengten Wohnverhältnissen begnügen müssen, gibt es auch in ihrer Küche und im Backofen wenig Platz.

So sind sie auf den naheliegenden Gedanken gekommen, Speisen nicht nebeneinander, sondern ineinander zu kochen. Das folgende Gericht ist nicht nur sehr platzsparend, sondern speziell für eine Kindergeburtstagsfeier geeignet oder auch sonst für alle Leute, die Überraschungen mögen oder gern Päckchen öffnen.

Ching-Miau-Wau

Zutaten:

1 Regenwurm
1 TL dunkle Sojasauce

2 Gewürznelken
1 Chinesische Nachtigall
1 EL chinesische Mixed Pickles
1 Prise Ingwer
1 Siamkatze
2 Frühlingszwiebeln
1 Knoblauchzehe
1 Glas heller, herber Sherry
3–4 EL Sojasauce
1 Chow-Chow-Hund
6 Trockenpilze
3 EL Wasserkastanien
3 EL Austernsauce
1 Tasse Sojasauce
1 Tasse heller, herber Sherry
1/2 Tasse Zucker

Regenwurm mit einer Stricknadel längs durchstoßen, mit dunkler Sojasauce füllen und auf beiden Seiten mit je einer Gewürznelke zustöpseln.

Die Nachtigall rupfen, ausnehmen, mit dem Regenwurm, chinesischen Mixed Pickles und einer Prise Ingwer füllen. Nicht zu voll stopfen, da die Füllung etwas quillt! Nach dem Füllen werden Hals- und Bauchöffnung zugenäht.

Die Siamkatze häuten und ausnehmen. Schwanz abschneiden und für eine Siamschwanzsuppe in den Kühlschrank legen. Mit der Nachtigall, Frühlingszwiebeln, Knoblauch, Sherry und Sojasauce füllen. Bauchöffnung zunähen und Pfoten mit Bindfaden eng am Körper befestigen.

Chow-Chow häuten und ausnehmen. Trockenpilze 1 Stunde in Wasser einlegen und anschließend mit den Wasserkastanien und der Austernsauce gut mischen. Zusammen mit der Siamkatze in die Bauchöffnung füllen und gut zunähen.

Den prallen Chow-Chow in einen passenden Topf stellen, mit dem Zucker bestreuen und mit je einer Tasse Sherry und Sojasauce

übergießen. Den Topf mit einem fest sitzenden Deckel verschließen und in einen größeren Topf stellen, der zur Hälfte mit kochendem Wasser gefüllt ist.

Diesen wiederum zugedeckt 4 Stunden im Wasserbad kochen lassen. Das Wasser je nach Bedarf auffüllen. Das obenauf schwimmende Fett kann vor dem Servieren abgeschöpft und zum Rösten von Gemüse verwendet werden.

Wie Lin Yutang in der »Weisheit des lächelnden Lebens« sagt: »Es gibt in der Natur gewisse Geschmackstöne, die füreinander bestimmt scheinen und ihre äußerste Köstlichkeit erst im Zusammenklang erreichen.«

Japan

Dekorieren geht über Studieren

Ein japanisches Sprichwort sagt: Hana Yori Dango. Dies könnte man etwa übersetzen mit: Fleischklöße sind den Blumen vorzuziehen. Wenn man aber weiß, mit welcher Liebe und Sorgfalt sich ein Japaner um Blumen kümmert, so ist man nicht erstaunt, daß sich Blumen und Essen in Japan zu einem perfekten Ganzen vereinigen.

Dekorieren geht über Studieren – heißt die Devise in der japanischen Küche. Einfachste Gerichte werden durch geschickte Hände zu wahren Kunstwerken. Ein solches durfte ich in Nagasaki genießen, das sonst eher für seine Froschgerichte bekannt ist. »Glücksbeutel« nannte sich diese deliziöse Vorspeise, die so heißt, weil man nicht weiß, was für eine Delikatesse sich im zusammengerollten Reispapier versteckt.

Tatsächlich wußte ich nachher nicht, ob ich nun Frosch, Huhn, Ratte oder Schwein genossen hatte – und eigentlich war mir dies auch gleichgültig. Dafür wußte ich, daß es mir geschmeckt hatte.

Auch bei uns kommt es immer wieder vor, daß ein bestimmtes Tier bei Gästen oder Kindern ausgesprochenen Widerwillen hervorruft. Kann sein, daß der kleine Siegfried den köstlich gebratenen Hamster »Putzi« so wenig essen will, wie er sich vorher geweigert hatte, dessen Käfig zu putzen.

Kann aber auch sein, daß Tante Elfriede mit tief verwurzeltem Mißtrauen und wenig Appetit in den ausgezeichneten Wachteln auf Charenter Art herumstochert, bloß weil sie dahinter ihren entflogenen Graupapagei vermutet. Für den Glücksbeutel muß man deshalb nur alles fein genug hacken. Ohne Fantasie kein Glück! Doch hier das Originalrezept mit allen Ingredienzien, wie es vom großen Kinako Shungiko überliefert wurde:

Glücksbeutel

Zutaten:

250 g gemischtes Fleisch, und zwar:
50 g Sanmi
20 g Tai No
20 g Buri
40 g Goma
20 g Tara Mabushi To Ika No Beni Masago
2 getrocknete Shiitakepilze oder 2 große Champignons
1 EL Sojasauce
1 EL Sake (Reiswein)
2 Frühlingszwiebeln
50 g Krabbenfleisch
100 g Sojasprossen
15 g frische Ingwerwurzel
1 Prise Zucker
Salz
Reispapier

Reispapier 15 Minuten zwischen feuchte Tücher legen, damit es sich gut rollen läßt. Alle Zutaten fein hacken und gut vermischen.

Etwas Hackmischung auf je ein Blatt Reispapier geben. Die Seiten nach innen schlagen und aufrollen. Wenn das Papier an den Enden nicht kleben will, so kann es mit einer Wasser-Mehl-Mischung oder einem Eigelb bestrichen werden. Öl erhitzen und darin die Glücksbeutel ausbacken.

Südamerika

Feste feiern und wie sie fallen

Wenn wir an Südamerika denken, so kommt uns zuerst das argentinische Steak in den Sinn. Weniger bekannt sind Gerichte wie »Conejo Estirado« (gestrecktes Kaninchen) oder der »Morro-coy«-Braten. Trotzdem sind südamerikanische Speisen für den europäischen Gaumen sehr geeignet, haben sie doch vieles mit der Mittelmeerküche gemeinsam.

Die Gerichte werden aus ebenso einfachen wie reichlich vorhandenen Grundstoffen zubereitet. Man sollte sich keineswegs gegen die südamerikanische Küche abigeln, wenn einmal ein im Ofen gebackener Igel auf den Tisch kommt.

Igel sind als Delikatesse leider etwas in Vergessenheit geraten. Eigentlich seltsam: Da gibt es doch die berühmte Geschichte vom Hasen und vom Igel. Doch wir essen bloß den Hasen und überfahren gedankenlos den Igel.

Nicht so in Argentinien. Dort gibt es keine derartig schändliche Diskriminierung. Sowohl der schnelle Hase als auch der langsame Igel werden gegessen, wie auch der »peludo« (das Igelmännchen) und die »mulita« (das Weibchen) gleichermaßen beliebt sind. Und da wird noch behauptet, in Südamerika gäbe es keine Gleichberechtigung!

Ein guter Tip, falls Ihr Hund allzu nahe an den noch lebenden Igel oder auch an die Überreste des feinen Igelmahls kommt und als Folge davon das Maul voller Stacheln hat:

Schütten Sie ihm zwei Tassen voll Essig in Schlund und Rachen. Er wird diese Prozedur zwar nicht besonders mögen. Doch dadurch werden die Stacheln aufgeweicht und sollten nach ein paar Stunden von selbst ausfallen.

Igel werden in Südamerika oft als »Wild der Armen« bezeichnet. Tatsächlich bewegen sie sich so langsam und umständlich, daß man für die Igeljagd kein Gewehr benötigt. Ein Knüppel genügt vollauf.

Auch bei uns können Igel sehr einfach gefangen werden, sogar im eigenen Garten. Sie rücksichtslos auf der Straße zu überfahren ist hingegen eine ebenso unsachgemäße wie barbarische Methode, da man daraus höchstens noch Igelpfannkuchen herstellen kann.

Dafür sind Igel relativ einfach zu häuten. Man beginnt am Bauch, wo es keine Stacheln gibt. Dann kann das Fleisch je nach Geschmack gebraten oder gekocht werden. Das Aushöhlen soll sehr sorgfältig ausführt werden, damit das fertige Gericht wieder in die Igelhaut eingefüllt werden kann. Dies sieht sehr hübsch und außerordentlich dekorativ aus.

Igel »Sweet and sour«

Zutaten:

1 Igel
1–2 Zwiebeln
1 Tasse Obstessig
150 g Rohzucker
Muskatnuß
Fett
Kartoffelstärke
Sesamkörner

In Ringe geschnittene Zwiebeln im Essig kochen, bis sie transparent sind. Zucker und Muskatnuß beigeben. Igelfleisch in Fett kurz anbraten und in feuerfeste Form geben. Mit der Essigmischung übergießen und drei Stunden auf ganz kleinem Feuer im Backofen garen lassen. Wenn nötig, die Flüssigkeit mit etwas Kartoffelstärke eindikken. Mit den Sesamkörnern überstreuen.

In Südamerika werden zu diesem Gericht Süßkartoffeln oder Mais serviert. In unseren Gegenden ist eher Reis angezeigt, da dieses Gericht für ungeübte Mägen etwas schwer verdaulich ist. Auch wird einem nach diesem Mahl bewußt, warum die Natur den Igel mit Stacheln ausgestattet hat. Jetzt sind diese nämlich sehr nützlich, um das recht fasrige Fleisch zwischen den Zähnen herauszuholen.

In Mexiko besonders beliebt sind die Meerschweinchen. Tatsächlich beruht der Name dieses putzigen Tierchens auf einem linguistischen Mißverständnis. Richtig sollte es nämlich »mehr Schweinchen« heißen.

Die Mexikaner waren nämlich von jeher dem Schweinefleisch sehr zugetan. Als sie deshalb diese kleinen quiekenden Dinger zum ersten Mal sahen, soll jemand erschreckt ausgerufen haben: »Damit ich von diesen Winzlingen satt werde, brauche ich aber mehr Schweinchen!«

Und das ist bis heute so geblieben: ein Meerschweinchen ist in keinem richtigen mexikanischen Gericht einsam. Denn auch für eine Kleinfamilie braucht man stets mehrere Schweinchen.

Meerschweinchen im Schlafrock

Zutaten (für 4 Personen):

4 Meerschweinchen
etwas Thymian und Rosmarin
500 g in der Schale gebackene, geschälte und durch ein Sieb gestrichene Kartoffeln
1/2 Tasse Öl
1 Ei
150 g Mehl
1/2 TL Backpulver
etwas Salz und Pfeffer
1 Eigelb

Die Meerschweinchen enthäuten und weich schmoren. Mit Thymian und Rosmarin fest einreiben und im Kühlschrank einige Zeit ruhen lassen.

Das Ei mit dem Öl verquirlen und mit der Kartoffelmasse, dem Mehl, dem Salz und dem Backpulver gut vermischen. Diesen Teig nochmals durchkneten und ausrollen.

Meerschweinchen auf passend zugeschnittene Teigflecken legen, mit etwas Schmorflüssigkeit befeuchten, mit einem weiteren Eigelbflecken zudecken und fest einwickeln. Mit Eigelb bestreichen und im Ofen backen.

Statt Meerschweinchen kann man zur Not auch Hamster verwenden, doch braucht man dann pro Person zwei Hamster, falls das Gericht nicht als Vorspeise oder für eine Kinderparty bestimmt ist.

Kanada und Alaska

Wo Wild noch wild ist

Kanada und Alaska sind von riesigen Wäldern bedeckt. Es gibt dort viel Platz, viel Wald – und viele Tiere. Man ist deshalb wild auf Wild. Ob Bären, Hirsche oder Biber – alles ist eßbar und wird gegessen.

In unseren Wäldern gibt es weniger Wild, dafür viel auf der Straße. Es muß nur noch ein wenig überredet werden, dann sieht es ein: Im Backofen oder über dem offenen Kaminfeuer ist es doch viel wärmer als draußen auf der naßkalten Straße!

Was gibt es deshalb Schöneres, als aus jenen Beinen, die nicht mehr tragen, ein nahrhaftes »Spitzbeinragout« zuzubereiten. Noch gut erinnere ich mich an jene Stunden, als ein alter Trapper mir dieses Gericht zum ersten Mal vorsetzte. Die perfekte Ausgewogenheit zwischen Hirsch-, Eichhörnchen-, Elch- und Wildentenbeinen wird mir immer in Erinnerung bleiben.

Auch bei uns sind alle Arten von Beinen günstig zu bekommen, sei es vom Jäger oder vom Metzger. Aber wir brauchen gar nicht so weit zu suchen. Sogar im eigenen Heim finden sich Hundebeine, die den frisch gebohnerten Boden beschmutzen, oder Katzenpfoten, die das neue Sofa bearbeiten.

Zudem ist das Spitzbeinragout für die lieben Kleinen noch lehrreicher als die gute alte Buchstabensuppe. Wenn man es nämlich zusammen mit Kartoffelpüree serviert, lassen sich darauf sehr gut die verschiedenen »Spuren im Schnee« demonstrieren und erläutern.

Spitzbeinragout

Zutaten:

2–3 Pfund Füßchen, möglichst von jungen Tieren
2–3 Zehen Knoblauch
1 EL Salz
1 TL Pfeffer
je 1/4 TL Gewürznelken, Zimt und Muskatnuß
Fett
1 Tasse geröstetes Mehl
1–2 Zwiebeln
kochendes Wasser

Feine Einschnitte in das Fleisch machen und Knoblauch hineingeben. Salz, Pfeffer und Gewürze mischen, und das Fleisch darin wälzen. Im Fett kurz anbraten.

Zwiebeln und kochendes Wasser hinzufügen und schmoren lassen, bis das Fleisch gar ist. Mit dem gerösteten Mehl verdicken.

Unter all den Kleintieren ist das Eichhörnchen das am weitesten verbreitete Säugetier Alaskas. Aber gerade weil es so häufig vorkommt, wird es noch häufiger übersehen. Dies völlig zu unrecht. Der manche Leute störende Wildgeschmack ist beim kleinen Nüßchensammler kaum wahrnehmbar, und nur besonders alte Exemplare müssen vorher über Nacht in Salz- oder Essigwasser eingelegt werden.

Das wild lebende Eichhörnchen läßt sich problemlos durch ein Streifenhörnchen ersetzen, welches in manchen Wohnungen sowieso nutzlos im verstaubten Käfig dahinvegetiert.

Das Häuten ist eigentlich sehr einfach und geschieht fast auf die gleiche Weise wie bei einer Ratte. Aufpassen muß man bloß bei den Vorderbeinen, müssen dort die Geruchsdrüsen doch fein säuberlich entfernt werden. Aber sonst ist ein Hörnchenfrikassee fast so einfach und mindestens so geschmackvoll wie ein Hörnli-Auflauf.

Hörnchenfrikassee

Zutaten:

1 Eich- oder Streifenhörnchen
Salz und Pfeffer
1/2 Tasse Mehl
4 Scheiben Bratspeck
1 kleine Zwiebel
1 TL Zitronensaft
1 Tasse Bouillon

Das Hörnchen häuten und ausnehmen. Gut waschen und in mundgerechte Stücke schneiden. Mit Salz und Pfeffer einreiben und in Mehl wenden. Den Speck braten, bis er knusprig ist. Das Hörnchen dazugeben und rund 20 Minuten garen, bis es schön angebräunt ist. Gehackte Zwiebel, Zitronensaft und Bouillon zugeben und 2 Stunden auf kleinem Feuer köcheln lassen.

Sahara

Sonne, Sand und andere heisse Sachen

Die Eintönigkeit der Wüste ist sprichwörtlich. Meine Reisen in die Sahara haben mich aber belehrt: Das gilt in keiner Weise für die Ernährung der Wüstenbewohner.

In Djenné im Gebiet des Niger sah ich einmal, wie Frauen Mäuse ausnahmen, diese aber gar nicht häuteten, sondern bloß das Fell absengten. Danach hängten sie die kleinen Exnager zum Trocknen auf, um sie dann zu zerstampfen und daraus die ebenso beliebte wie bekömmliche Gombo-Sauce zuzubereiten.

Ich muß gestehen, daß ich dieser Sauce zuerst etwas mißtrauisch gegenüberstand, speziell da weit und breit kein Bier in Sicht war, um das Ganze hinunterzuspülen. Doch die Gombosauce schmeckte derart hervorragend, daß ich sie zu Hause nachzukochen versuchte.

Selbstverständlich mußte ich ein paar der Zutaten unseren Breitengraden anpassen. Doch was die Mäuse anbetrifft, so ist bei uns die Auswahl noch größer als in der Wüste:

Haus- oder Feldmäuse sind eigentlich am besten geeignet. Sie sind ja in Mausefallen in reicher Zahl vorhanden, so daß es jammerschade wäre, diese Tatsache nicht zu nutzen. Dazu haben sie einen auch für unseren Gaumen durchaus akzeptablen Wildgeschmack. Die Feldmäuse muß man allerdings etwas länger trocknen, da sie eine etwas wässrige Konsistenz aufweisen.

Doch in unseren modernen Häusern sind oft diese kleinen grauen Häppchen kaum mehr zu finden. Zum Glück gibt es Mäusepaare in jeder Zoohandlung wohlfeil zu kaufen. Und da sich diese recht fleißig vermehren, hat man immer einen guten Nachschub – der sich auch ohne Tiefkühltruhe oder Kühlschrank sehr frisch hält. Ein Energiesparprogramm, das jeden Grünen vor Neid gelb werden läßt!

Einen ausgeprägten Wildgeschmack, der mir jeweils die Sahara wieder wie einen Traum in Erinnerung ruft, haben die Wüstenspringmäuse. Im Vergleich zu weißen Mäusen verhält sich deren Geschmack wie etwa ein Wildschweinbraten zu einem Kalbsschnitzel. Aber auch gegen die gewöhnlichen, und meiner Meinung nach etwas degenerierten weißen Mäuse ist nichts einzuwenden, sofern man weißes Fleisch vorzieht.

Mäuse mit Datteln

Zutaten:

8 Mäuse, gehäutet, ausgenommen und gewaschen (gedörrte Mäuse müssen in feine Scheiben

geschnitten werden)
4 Zwiebeln, gehackt
2 Zehen Knoblauch, zerdrückt
100 g Butter
1/2 TL Salz
1 TL Ingwerpulver
1/2 TL Safran
1 l Wasser

Alles in einen Kochtopf geben, mit Deckel nicht ganz bedecken und 30 bis 40 Minuten auf mittlerem Feuer kochen lassen.

Dann die weiteren Zutaten dazugeben:

1 kg entsteinte Datteln
1 TL Zimt
1/2 Glas Honig

Auf kleinem Feuer weitere 10 bis 15 Minuten köcheln lassen.

Die Datteln in der Mitte der Platte anrichten und mit den Mäusen kranzförmig umgeben. Hat man gedörrte Mäuse verwendet, so soll man die Scheiben ringförmig und sich überlappend anrichten – etwa so wie aufgeschnittenen Salami. (Nicht nur farblich sehr hübsch ist es, Wurst- und Mäusescheiben abwechselnd zu verwenden.)

Die Sauce darübergießen und 50 g Sesamsamen darüberstreuen. Sehr schön macht sich eine Maus mit einer Dattel im Maul als krönende Dekoration auf dem Dattelberg.

Einige Saharabewohner nehmen auf ihren Reisen Streifen von Trokkenfleisch vom Tischtar (Rind), vom Mufflonschaf, vom Kamel oder von der Antilope mit sich. Die zarte Antilope ist die Königin des Tisches der Sahara. Es erscheint zwar grausam, dieses schöne Tier zu töten, doch ist es für die Verpflegung der Wüstenbewohner sehr nützlich.

Bei uns kann man die Antilope aber gut durch ein Reh ersetzen oder gar durch einen Windhund, der ja nicht umsonst als die »Antilope unter den Hunden« gilt.

Windhund »Rutabiya«

Zutaten:

1 Pfund Windhundfleisch, in Streifen geschnitten
2 EL Öl
Salz und Pfeffer
1 TL Koriander
1/4 TL Safran
1 TL Cummin
1 TL Zimt
100 g geschälte Mandeln
300 g getrocknete Datteln
2 TL Zucker
1 TL Rosenwasser

Fleisch zusammen mit dem Koriander im Öl anbraten. Mit etwas Wasser überdecken und zum Sieden bringen. Übriges Gewürz dazugeben. Wenn das Fleisch gekocht und die Flüssigkeit verdampft ist, mit den Datteln garnieren, die entsteint und mit den Mandeln gefüllt wurden. Zucker und Rosenwasser darüber geben.

Eskimos

Vom Frieren und Gefrorenwerden

Die Sitten und Bräuche der Eskimos setzen uns immer wieder in Erstaunen. Sie sind bedingt durch das sehr kalte Klima und den geringen Kontakt mit anderen Zivilisationen.

Häufig essen sie die Nahrung roh, was die Küche vereinfacht und Rezepte fast überflüssig macht. Das Wort »Eskimo« heißt ja – allerdings in entstellter Form – soviel wie Rohfleischesser. Deshalb haben mir Erlebnisse mit den Eskimos gerade bei Stromausfall schon oft geholfen.

Aus naheliegenden Gründen wird natürlich viel Fisch gegessen. So besteht eine sehr beliebte Vorspeise aus einem rohen, gefrorenen Fisch, der in der fröhlichen Runde herumgereicht wird. Dabei nimmt jeder ein Stück davon, beißt herzhaft hinein und trennt mit einem raschen Messerschnitt dicht vor dem Mund all das ab, was er nicht mehr schlucken kann. Dann reicht er den Rest des Fisches weiter.

Natürlich habe ich diese Fisch- statt der üblichen Bierrunden auch zu Hause ausprobiert. Doch der Erfolg war niederschmetternd. Anscheinend ist unsere Gesellschaft nicht mehr an den Gebrauch von Messern gewöhnt, und so kann es zu recht unschönen und schmerzhaften Verletzungen kommen.

Ganz abgesehen vom äußeren Schaden, wollte auch das Innere nicht so recht mitmachen. Die Eskimos verwenden natürlich nur ganz frisch gefangene Fische. Doch bei den von mir gekauften Heringen konnte mir dies niemand garantieren. Recht unangenehme und höchst peinliche Magenverstimmungen waren die Folge davon.

Durch Schaden klug geworden, besann ich mich das nächste Mal auf mein Goldfischglas, dessen ich langsam sowieso überdrüssig geworden war.

Dabei zeigte sich wieder einmal der Vorteil von Haustieren gegenüber industriell gefütterten und gefertigten Tieren. Die nächste Einladung war jedenfalls ein voller Erfolg. Die fangfrischen Guppies rutschten runter wie geölt – keine Messerverletzungen und keine Magenverstimmungen!

Seither habe ich auch an meinem Goldfischglas wieder Freude, das ich schon beinahe in ein Bowlenglas umfunktioniert hätte. Neuerdings ist es immer frisch geputzt und für unerwarteten Besuch gefüllt.

Jetzt ist mir auch klar, warum die Eskimos als die gastfreundlichsten Menschen gelten. Wir können von diesen Menschen mit warmen Herzen und kalten Füßen viel lernen. Allerdings, um ebenso gastfreundlich zu sein wie sie, brauchen wir etwas, was dieses Naturvolk nicht benötigt: eine riesige Tiefkühltruhe oder möglichst viele Haustiere. Denn nur auf diese Weise läßt sich bei uns das Fleisch für unerwartete Gäste schön frisch halten.

Bei den Eskimos lernte ich aber auch erst kennen, was wahre Liebe zwischen dem Menschen und seinem besten Freund, dem Hund ist:

Zusammen mit Shackelton und seinem geliebten Husky Kai strandete ich einmal auf einer Eisscholle in der Nähe des Nordpols. Die Tage vergingen, und schließlich siegte der Hunger.

Der Eskimo machte ein Feuer und aß etwas widerstrebend den treuen Kai. Nach dem Essen schaute er wehmütig auf die Überreste und seufzte: »Armer Kai, wie hätte er sich doch über diese schönen Knochen gefreut!«